살아남은 자들의 비밀

# 얼굴 : 사색

# 人間

인간은, .. 누구를 만나느냐?

바로 돈이 되는 괴짜들의 **수업**

지은이 **정병태**

한덤북스

살아남은 자들의 비밀

# 업글 사색 인간

"인간의 마음은
신의 무한한 지성의 일부다"

- 스피노자 -

감사하며 신난다.

먼저 책으로 출간되기 전 사랑하는 당신에게 강의북으로 나눌 수 있어 행복하다. 무엇보다도 국내 첫 강의북 수업을 위해 만들어진 강의책으로 창의적 여행을 즐기며 성장하고 창작되어짐을 기쁘게 생각한다.

곧 '사색 人間' 강의북이 서점에서 멋진 삶으로 실천되어진 책으로 만날 수 있기를 기대하며 오늘도 강의를 하고 있다.

　　내 성장에 강렬했기에 다시 전하고 싶었다.
　　성장의 비밀을 많은 분들과 나누고 싶었다.
　　창의적 성과를 내는 비밀을 공개하고 싶었다.

특별히 숨겨진 잠재력을 찾고 싶은 당신에게.

# CONTENTS

## 1장 리마커블한 인간

## 4장 피 튀기는 초(超)경쟁 비즈니스

업글 : 사색, 인간

| 7장 | 타인의 시선을 의식하지 않는 스마트한 인간 |
| --- | --- |

## 8장  상상력의 대가 유니크한 상상력

## 9장  배움의 향연 _ 창의적 지고선(至高善) 고집하기

## 10장   채찍 없는 당근 비즈니스 _ 기존의 생각을 와장창 깨기

# 11장 코피티션(Coopetition) 비즈니스 _ 상호 생존의 콜라보레이션

人間

# 일러두기

✦ **긱geek**은 영어 속어로 '특이한(엉뚱한, 기발한) 사람' '창의성을 발휘하는 사람' 한마디로 '괴짜'다.

✦ **창의성**Creative은 경직된 분위기에서는 잘 나오지 않는다. 대신 자유롭고 폭넓은 독서와 학습에서 참신한 아이디어가 나온다. 그래서 리버럴 아츠(Liberal Arts)다.

✦ **나노기술**nano-technology이란 원자 하나하나를 조종하여 물질을 완벽하게 제어하는 기술을 의미한다. 눈으로 보이지 않는 미시 세계의 원자를 제어해 새로운 세상이 열리는 것이다.

✦ **미래혁명**Future Revolution이란 앞으로 다가올 사건이나 위험요인에 선제적으로 대응하려는 위기관리 차원에서 당면한 위기를 기회로 전환시키는 통찰과 실천을 위한 책략이다.

✦ **워라밸** (Work and Life Balance)은 일과 삶의 균형을 뜻하는 신조어이다.

✦ **업글인간**이란 자신을 업그레이드(upgrade)하기 위해 부단히 노력하는 요즘 사람들을 일컬어 말한다.

# 돈이 되는 긱geek 수업

"우리 삶을 만들어가는 것은 우리의 생각이다"

- 로마 황제 마르쿠스 아우렐리우스 -

여기 키질을 통해 가벼운 쭉정이는 날아가고 알곡만 남듯이 정말 치열한 마음으로 가벼운 쭉정이가 아닌 속이 꽉 찬 알곡 같은 글을 준비했다.

철학과 첫수업에서 깊게 심어져 결코 잊을 수 없는 말, 생각하는 철학자 스피노자(1632-1677)는 인간의 마음에 대해 "인간의 마음은 신의 무한한 지성의 일부다"라고 말했다. 그런가하면 영국의 극작가 버나드 쇼는 말하기를 "인생이란 생각하면 희극이고 느끼면 비극이다." 한마디로 인생은 사색의 미학이었다.

놀랍게도 공상과학 영화들처럼 생각했던 것들이 모두 예측이 아니라 사색의 미학이 되었다. 실제 우리들이 살아가는 세상에 구현되었다. 미래에 대한 사색적 스케치를 함으로써 나아갈 방향을 제시하고 더 좋은 미래사회를 만들어간다.

"앞으로 5년 후 세계적 부자 1위 직업은 무엇이 될까?" 내 예측으로 보면 당연 창의적 스토리 분야가 누리게 될 것이다. 사실 내가 미래사회 연구를 활발하게 하는 이유기도하다. 무엇보다 창의적 상상력이 돈이 되기 때문이다. 이러한 현실 속에서 미래사회에 관심이 있는 분들과 함께 돈이 되는 긱 geek 수업을 할 수 있어 행복하다.

2500년 전 그리스 철학자 헤라클레이토스(B.C 535-475)의 경구가 나를 사로잡았다. "예상할 수 없는 것을 상상하라. 그렇지 않으면 그것을 찾지 못하리라." 그런가하면 1987년 만들어진 공상과학 영화 <이너스페이스>는 초소형 로봇이 인간의 몸속을 구석구석 탐험을 한다. 그런데 우리가 보아왔던 공상과학 영화가 실제 우리들이 살아가는 세상에 구현되었다. 그래서 미래를 읽는 통찰은 부의 미학이다.

앞으로 진지한 선택과 상상력, 그리고 앞선 창의성을 끄집어 낸 것들은 더 흥미를 끌 것이고 부(富)의 자원이 된다. 시들지 않는 상상력은 거칠 것 없는 경이로운 도구로서 인간 경험의 방대한 정수에 자양분을 제공한다.

그래서 <메가트렌드>의 저자 존 나이스빗은 "미래는 기회를 잡는 사람이 주도한다"라고 말했다.

이 책은 미래사회를 읽고 탁월한 선택과 통찰을 통해 부를 끌어당기어 줄 것이다. 이는 지혜로운 선택 덕분이다.

지혜는 인생을 다양한 각도로 보게 해준다. 그리고 인생의 난관을 슬기롭게 헤쳐 나가게 해주며 부자로 만들어준다. 그런데 지혜를 얻으려면 사색과 관찰을 통해 선택의 미학이 필요하다. 바로 우리 긱geek 수업은 사색과 관찰을 키움에 적기다. 그래서 돈이 되는 긱geek(괴짜) 수업을 준비했다. 특히 자신의 숨겨진 잠재력을 찾고 싶은 사람들이 반드시 읽고 참여했으면 좋겠다.

# 돈이 되는 통찰적 사색

시간을 변화시키고,

공간을 변화시키고,

생각을 변화시키면,

미래가 변한다.

이탈리아 베네치아 구겐하임 미술관 문구

하버드대학교 심리학과 교수 데이비드 퍼킨스는 "잘못된 사고 가운데 90퍼센트가 논리의 잘못이 아니라 인식의 잘못에서 비롯된다"라고 말했다. 나의 사고가 아무리 스마트하더라도 인식이 잘못되면 출력된 해답은 쓰레기일 수 있다.

어쩌면 지금이 익숙했던 패턴을 깨고 나와야 할 최적의 적기다.

세계적인 곤충학자 파브르는 '쇄기벌레'라는 곤충은 맨 앞에서 기어가는 리더가 남긴 자국을 다른 곤충들이 일렬로 그 뒤를 따라간다는 특징을 갖고 있다고 한다. 즉 기존의 습관적 사고에서 벗어나야 한다. 그러려면 우리의 고정된 패턴 박스를 깨기 위해 깊은 사색을 해야 한다. 기존 인식의 틀은 외부

업글 : 사색, 인간

에서 내부를 깨고 들어오는 도발(provocative)이 좋다. 그런데 이 도발이 창의성의 출발점이 된다.

인사이트(Insight)란 무엇인가? 흔히 문제의 본질을 꿰뚫어보는 것을 뜻한다. 즉 사물이나 현상의 특징, 혹은 관계나 행동의 원인을 명백하게 파악하는 능력이다. 다른 말로는 기존의 상식을 뒤엎는 것이다. 무엇(what)이 아니라 왜(why)를 알아내는 과정이다. 한마디로 인사이트는 마음의 눈으로 먼 미래를 들여다보는 과정이다. 누구든 필히 성장하고 싶다면 미래 사회의 트렌드를 읽어야 한다. 행복한 삶도 미래를 읽는 사색으로부터 출발해야 한다.

내가 인문의 숲(학습)에서 가장 중점을 두는 것이 문사철(文史哲)을 통한 통찰의 힘을 키워주는 것이다. 통찰력을 갖게 되면 예리한 관찰력으로 휴먼 인사이트가 생기어 트렌드를 읽게 되어 돈을 벌게 되며 행복과 건강을 얻게 된다.

고대 그리스의 대(大)비극시인 아이스킬로스(Aeschylos BC 525-456)는 "올바른 사고야말로 신이 내린 최상의 선물이다"라고 하였다. 내 사고가 올바른지를 판단하려면 먼저 잘못된 생각습관을 갖고 있지 않은가 성찰해봐야 한다. 보통은 '귀가 얇은 사람'이란 남의 말에 쉽게 솔깃하여 이랬다저랬다 하는 사람을 말한다. 즉 자신의 생각을 쉽게 바꾸는 사람을 일컫는다. 때로 괜찮은 정보를 들려줘도 재빠른 결정을 내리지 못한다. 결국 선택은 곧 자부심이 되어야 한다.

한 예로 주식에서 돈을 벌려면 실속 있는 정보 판단 능력이 있어야 하듯이 좋은 정보를 입수하면 그 정보를 이용해 신속한 투자 판단을 할 수 있는 재빠른 결단력을 갖춘 사람이다. 반면 정보를 입수하고도 '투자할까 말까' 주저한다. 이는 어리석은 사람이다. 중요한 판단의 순간에 머뭇거린다면 그것은 자신의 가능성을 갉아먹는 중요한 심리적 요인이다.

고대 그리스 철학자 아리스토텔레스는 "현상은 복잡하지만 본질은 단순하다"라고 말하지 않았던가? 통찰적 사고는 세상의 진보에도 커다란 역할을 했다. 자연과학, 사회과학 모두 현상 뒤에 숨어 있는 본질을 해석함으로써 진보했다. 알버트 아인슈타인은 평소에 우리가 경험하는 "시간은 언제나 똑같은 템포로 나아가고, 공간은 눈앞에 확실히 존재한다"라는 현상에 고개를 갸웃거리며 그 뒤에 숨어 있는 본질에 눈을 향했다. 그 결과 우주가 시간의 진행을 바꾸거나 공간을 일그러뜨리는 모델이라는 사실을 발견했다. 그는 우주의 진정한 모습을 밝혀낸 것이다.

금융공학의 진보도 좋은 사례다.

금융공학은 주가흐름의 이면에 숨어 있는 본질을 통찰적 사고로 진보했다. 통찰력은 본질을 꿰뚫어보는 힘이다. 현상이나 정보에 현혹되지 않고 그 아래에 숨어 있는 다양한 요소의 역동적인 관계를 읽어내는 것이 통찰의 핵심이다.

사람은 의외로 깊이 생각하지 않는다. 진지하게 생각하는 것은 당연한데 차분히 진지하게 생각하지 않는다. 잘못된 생각 습관을 갖고 있다. 결국 뛰어난 통찰력은 돈이 된다. 성장하는데 꼭 필요한 능력이다. 부디 성장하고 싶다면 통찰적 사색가가 돼라.

성공은 넣으면 답이 나오는 수학공식 같은 게 있을 리 만무하다. 즉 쉽게 풀리는 법은 없다. 그 현상 뒤에 숨어 있는 본질을 꿰뚫어보는 힘이 필요하다. 본질을 보지 못하고 눈에 보이는 현상만으로 판단하면, 절대 좋은 성과를 낼 수 없다. 그래서 나는 성장을 준비하는 사람들에게 인문학적(휴먼) 사고를

우선적으로 학습시킨다. 물론 성격이 급한 사람들은 그러한 과정이 돈을 버는 것과 무슨 상관이 있느냐고 묻지만..., 나의 사명은 많은 사람이 본질을 꿰뚫어볼 수 있는 통찰력을 키워 정답을 발견하고 올바른 길에 들어서 좋은 성과를 내는 데 도움을 주고 싶다.

세계에서 가장 지능지수가 높은 사람 '마릴린 보스 사번트(여성 칼럼니스트, IQ 228)'는 "지식을 얻으려면 공부를 해야 하고, 지혜를 얻으려면 관찰을 해야 한다"라고 말했다. 통찰하기 위해서는 우선 현상 뒤에 숨어 있는 본질을 볼 수 있어야 한다. 머리로만 생각하면 사고는 절대 깊어지지 않는다. 실제로 손을 움직여 쓰고 기획한다. 또 그림으로써 생각하는 과정을 시각화한다. 본질을 그려 자신의 생각을 시각적으로 확인하면 한 단계 더 깊은 곳에서의 사고가 가능해진다.

1단계는 생각을 눈에 보이게 그리는 것이다.

2단계는 과거를 해석하고 미래를 예측한다.

3단계는 고정관념을 바꾸는 새로운 통찰법을 익힌다.

잠깐이지만, 우리 일상생활에서 할 수 있는 통찰력 강화 훈련을 소개하고자 한다. 이를 테면 매일 아침에 5분간 신문이나 잡지, 그리고 책의 제목만 보고 기사의 구성과 내용을 상상해보는 것이다. 다음으로 인문학 서적을 읽고 사색 후 적는다. 그 다음으로 생각한 것을 시각화한다. 생각을 그리면 생각이 깊어진다. 마지막으로 다른 사람들과 즐겁게 자신의 통찰적 사고 논리를 표현하고 나눈다.

분명 강의북 수업이 탁월한 사색가로 이끌어 줄 것이다.

❝ 성공은 넣으면 답이 나오는 수학공식 같은 게 있을 리 만무하다. 즉 쉽게 풀리는 법은 없다. 그 현상 뒤에 숨어 있는 본질을 꿰뚫어보는 힘이 필요하다. ❞

# 01

# 리마커블한 인간
## Remarkable

# 뭘 본 것일까?

'비평으로부터의 탈출', 페레 보레 델 카소(1835-1910),

1874년('꾸지람을 피해서', 마드리드 방코 컬렉션)

스페인 화가 페레 보레 델 카소(1835-1910)의 작품 <비평으로부터의 탈출>을 보면서, 왜 저런 행동과 표정을 지었는지 궁금해 했다.

우리도 가끔 일상에서 놀라움과 탈출하고 싶은 생각에 손을 뻗어 잡아주면 나올 심상이다. 화가는 한 아이가 무엇이 싫었는지 탈출을 시도하려는 그림을 그렸다. 어쩌면 지금 나의 모습일 수 있다.

이 작품은 그림 인문학을 누리다가 가장 마음에 들었던 그림이다.

한 아이가 액자 속으로부터 액자 밖으로 몸을 내밀었으며, 어딘가의 무엇을 향해 마치 놀란, 경멸, 분노하는 듯한 표정을 함께하고 있다. 화가 페레 보레 델 카소는 작품으로 자신을 현재 존재를 표현하려고 하였다. 당시 비평가들의 조롱에 맞서기 위해서 만든 작품이기도 하다. 또한 작품 활동을 할 수 없게 된 자신의 처지를 나타낸 그림이다.

진짜 탈출하는 것 같은 착각을 주는 이런 그림을 프랑스어로 "트롱프뢰유(눈속임)"라고 한다. 19세기 들어 사진의 발명으로 사람들의 눈을 속이는 그림을 조롱하였다.

# 망치맨

**광화문 거리를 좋아한다.**

**도심 속 거리에서 이런 미술 작품을 볼 수 있다니 행운이다. 난 일부러 서울 광화문의 랜드마크로 자리 잡은 미국의 조각가 조나단 브롭스키의 망치질하는 사람(Hammering Man)을 찾는다.**

홍국생명 빌딩 건물 앞에 일하는 기쁨과 일하는 사람들에 대한 존경심을 표현한 작품이다. 나도 노동의 숭고함을 알기에, 노동과 삶의 가치를 품고 묵묵히 일하는 사람들을 격려하고 응원한다. 헤머링 맨은 1979년 미국의 폴라 쿠퍼로 시작하여 한국에 7번째로 설치됐다. 세계에서 가장 크다. 그런데 헤머링 맨도 2년에 한번은 망치질을 쉰다고 한다. 그 이유가 무엇일까? 열심히 일한 기계도 쉬어야 한다. 낡고 녹슨 부품을 교체해야 또 망치질을 할 수 있기 때문이다.

지금 당신도 적절히 쉼이 필요하지 않은가?

*업글 : 사색, 인간*

## 도심 속 미술작품

망치질하는 사람(Hammering Man), 미국 설치미술작가
조나단 보롭스키, 높이 22m, 무게 50톤, 서울 광화문 거리

이 작품은 1분 17초 간격으로 망치질을 하고 있어 하루에 720번 이상을 망치질을 한다. 작가는 어릴 적 아버지에게 들은 친절한 거인 이야기에서 영감을 받아 이 작품을 제작하였다.

## 날카로운 상상력연구소

나는 어려움을 겪을 때마다 기도하지만 일찍이 좋아했던 그리스 철학자 헤라클레이토스(B.C 6세기)에게 도움을 청했다. 그리고는 '창의적 사고가 항상 이긴다'는 놀라운 답을 얻었다. 그래서 인생의 길을 묻는 많은 사람들에게 꼬인 문제를 해결하는데 도움을 주고 지성과 상상력의 눈을 뜨게 해주고 싶은 마음에 이 강의북을 준비하게 되었다.

먼저 용어 이해를 하고 가자.

우리는 창의성(creativity)과 창의적 사고(creative thinking)를 요구받는 시대에 살고 있다. 이는 성장케 하는 자원이기도하다. 창의성이란 새롭고 유용한 것을 생각해내는 능력을 말한다. 미국의 심리학자이자 창의력 연구의 대가인 조이 길포드(Joy Paul Guildford)는 창의력을 키우는데, 틀에 얽매이지 않고 다양한 관점에서 해결책을 도모할 수 있는 유연성이 매우 중요하다고 강조하였다. 그런데 창의성이 발휘되기 위해서는 먼저 해당분야에서의 지식과 경험의 인지가 필요하다.

창의적 사고는 틀 밖 사고로 독특하면서도 유용한 아이디어를 만들어 내는 힘이다. 넓고 포괄적으로 접근하여서 지식과 기술을 새롭게 조합하고 많은 대안을 생각해서 독특한 아이디어를 창출하는 과정이다. 지식의 끝자락에서 건져낸 생각들이다.

이쯤에서 창의성이란 조이 길포드의 의견에 따라 주어진 사물이나 현상에 대해 새로운 시각에서 다양한 아이디어나 산출물을 표출할 수 있는 능력이다. 더불어 '안목(眼目)'은 사물의 좋고 나쁨 또는 진위나 가치를 분별하는 능력을 의미한다. 그렇다면 당신은 비즈니스적 안목을 갖고 있는가? 자신의 탁월한 비즈니스 경험적 사례를 말해보라.

결국 비즈니스 창의성은 이 안목의 힘으로 귀결된다. 좋은 생각, 뛰어난 아이디어는 날카로운 상상력이 되어 탁월한 비즈니스를 만든다. 그렇다면 당신의 안목은 어떠한가? 세상에 풀어놓으면 놀랄 위험한 생각은 무엇인가? 기억하되, 비즈니스 창의력은 좋은 눈에서, 깊은 생각으로, 안목에서 시작된다는 것을 말이다.

맞다. 비즈니스 창의력은 드러나지 않은 것을 보는 능력이다. 누구도 감히 생각해보지 않았던 안목들을 갖는다. 그 창의성을 발휘하려면 사고의 한계를 제한해서는 안 된다.

쉽게 말해서 과거로부터 우리 스스로가 만들어낸 무수히 많은 사고의 틀을 깨버리고 밖으로 벗어난다. 이를테면 기존의 편견, 고정관념, 사고의 틀(패턴)에서 깨고 나온다. 그래야 마음껏 창의성을 발휘할 수 있다.

요즘 면접에서 기본적인 스펙을 갖추지 않은 경우는 드물다. 그러나 괴짜 발명가 토마스 에디슨의 생각은 달랐다. 역시 에디슨답게 신입직원을 뽑고자 했을 때의 일이다. 면접자에게 수프 한 그릇을 주고 먹기 전에 소금을 치나 안 치나를 살펴보는 것이 전부였다. 수프를 먹기 전에는 소금을 치는 사람은 면접에서 탈락됐다. 왠지 아는가? 무엇 때문에 떨어졌을까?

에디슨은 맛을 보기 전에는 소금을 치지 않는 사람이 훨씬 더 창의적 가능성을 갖고 있다고 보았기 때문이다. 수프의 맛을 보지도 않고 기존의 편견을 가진 사람을 1차 배제했다.

그러고 보니 오래된 사고습관과 패턴에 익숙해진 나도 맛을 보기 전에 소금을 치곤한다. 이제 오래된 패턴과 궤도에서 벗어나야 한다. 분명 새로운 것, 스마트한 조직은 기존의 환경에서가 아니라 전혀 예측하지 않은 상황에서 성공을 찾아낼 때가 더 많다.

인간의 본능은 변화나 예측보다 안전지대 즉 늘 익숙하고, 편안하고, 안전한 곳을 더 선호하며 찾는다. 그런데 이 안전지대에서는 창의적 아이디어가 나오기 힘든 곳이다. 스마트한 조직이 창의적 성장을 발휘 할 수 없다.

대신 창의성을 발휘하려면 낯설고, 불편하고, 도전이 필요한 곳. 안전지대가 아닌 창의지대가 훨씬 수월하다.


이탈리아 탐험가 크리스토퍼 콜럼버스(1451-1506)는 스페인 대신들에게 계란을 한쪽 끝으로 세워 보라고 권했다. 대신들은 여러 번 시도했지만 모두 실패했다. 그런데 보란 듯이 콜럼버스는 계란을 삶아서 깨뜨려 편평하게 만든 다음에 다들 보란 듯이 세웠다. 대신들은 정당하지 않다고 항의했지만 콜럼버스는 이렇게 대답했다.

"바보 같은 소리 마시오. 당신들은 필요 이상으로 가정했을 뿐이오."

나 역시 해보기도 전에 가정해버린다. 제한하여 피하는 쪽을 택했다.

우리가 살아가는 세상은 한 치 앞을 예측할 수 없는 긴박한 상황이다. 거기에 끊임없이 빠르게 변하고 움직인다. 그렇다고 이 변화를 두려워해서는 안 된다. 이러한 세상을 헤쳐 나갈 유일한 길은 창의적인 혁신뿐이다. 거센 미래혁명을 읽어 준비하여 대비하는 것이다.

단언하건대 이 강의북을 통해 미래사회를 읽을 수 있는 통찰력을 갖게 된다. 우리의 창의성에 새 불길을 지피고 창의적 아이디어를 창출하는 기회가 될 것이다.

또 새로운 길을 찾는데 거들어 줄 것이라 믿는다.


## 망치로 낡은 고정관념 깨기

당신이 새로운 장벽을 진입하는데 걸림돌이 되듯 낡은 의식이나 편견은 무엇인가? 이미 모두가 보고 다 아는 답으로는, 결코 창의적 경쟁력 없이는 성장할 수 없다. 그래서 숨겨진 것을 볼 수 있어야 한다. 즉 꽁꽁 숨겨놓은 것을 찾아내서 활용할 수 있는 예리한 눈(Keen-sight)과 아직 다가오지 않은 미래를 예측하고 구체화하는 통찰(Fore-sight)을 갖춰야 성장하고 돈을 벌 수 있는 시대이다.

그러므로 낡은 고정관념을 망치로 내려쳐 깨야 한다.

지식의 끝에서 짜낸 생각들은 나의 잠자는 뇌를 일깨워주었다. 이 망치는 돌을 깨고 부셔버리는 때만 필요한 것이 아니라 굳어진 생각을 깨는데도 필요하다. 돌을 깨듯 혁신을 통해 끊임없이 헤쳐나간다면 우리 미래는 무한한 가능성이 열릴 것이다. 문득 찰스 다윈의 글이 떠올랐다. "세월이 흐르면서 각 종(種)들은 지속적으로 진화하면서 우리가 현재 보고 있는 모습으로 진화되었다." 이 말은 변화, 혁신하지 않으면, 최고만이 살아남는다는 냉엄한 사실이다.

과거의 천재는 소수만이 누리는 지성인이었지만 앞으로 다수의 평범한 사람들이 천재로 누릴 수 있는 기회가 된다.

창의적 인재들만의 소유물이 앞으로 누구나 쉽게 번뜩이는 예지력과 새로운 창의성, 꿰뚫어 보는(insight) 역량을 발휘 할 수 있다. 그러려면 생각이 한계에 묶이면 관찰도 할 수 없으며 상상력으로 발전하지 못하게 된다. 지속적으로 관찰하고 유추하고 반문하며 끊임없이 연결시켜야 한다. 그때 아이디어 창출뿐 아니라 내면에 깊이 잠자고 있는 뇌를 깨워 창의적 역량을 발휘할 수 있다.

망치로 기존의 고정관념을 깨지 않고 옛 낡은 사고를 부셔버리지 않으면 창의적 아이디어를 만들어낼 수 없다. 돈이 되는 긱geek 수업을 따라갈 수 없다. 그러므로 기존의 틀을 바꾸고 새로운 고침의 과정을 중시해야한다. 창의적 마인드로 평소에 가지고 있던 부정적 편견을 깨야 한다. 그런데 기존의 패턴을 깨려면 스스로 내부에서 깨는 것이 더 어렵다. 하지만 외부에서 내부로 깨고 들어오는 것이 훨씬 용이하다.

실로 이 책(강의)이 망치가 되어 낡은 틀을 깨줄 것이다. 의지의 망치로 한계의 틀을 쪼개고 깨야한다. 어린 아이들은 도발(provocative)을 즐긴다. 그래서 보호자가 항상 지켜본다.

앞으로 미래사회에서 성장하려면 기존의 패턴 박스에서 탈출해 새로운 도발을 해야 한다.


최초로 혁신(革新, innovation)이라는 개념을 만든 경제학자 조셉 슘페터(1883-1950)에 따르면 "기존의 틀을 창조적으로 파괴하고 새로운 경제발전, 즉 가치창조나 지식창조를 하는 사람들을 의미한다." 혁신을 일으키는 사람들을 기업가(entrepreneur)라 불렀다. 이는 옛 굳어진 생각과 행동으로부터 분리해야 한다. 그리고 나를 옴짝달싹 못하게 내면 깊숙이 자리 잡은 사고습관과 틀에서 떠나야 한다.

그러려면 어떤 도구를 사용해야 하는가? 망치가 효과적이다.

# 리마커블한 인간

**비행기 삼행시**

**비** 비전을 갖고.    **행** 행동을 하면.    **기** 기적이 일어난다!

나의 긱geek 수업에서는 질문과 탐구를 행한다. 필히 과제가 주어진다. 새로운 창의나 아이디어, 긱geek은 필요 이상의 가정(if)에서는 얻을 수 없다. 지식 습득으로는 정진이 없기 때문이다. 혹 어디에 얽매여 있거나 고착된 상태에서는 높이 비상할 창의적 역량을 발휘할 수 없다.

잠깐이지만 창의적 생각을 위해 게임 하나를 하고자 한다. 진지하게 따라해 주기 바란다. 먼저 게임 방법은 각자 종이를 준비해서 비행기를 접는다. 시간은 30초 정도이고, 게임 조건은 바닥에 선을 한 줄 긋고, 그 선에서 비행기를 멀리 날린다. 가장 멀리 날리는 사람이 이기는 게임이다.

자, 종이를 준비하여 종이비행기를 만들어 선 너머로 날려보자. 그리고 누가 어떤 종이비행기가 가장 멀리 보내졌는지 그 상황을 살핀다.

힌트를 주자면, 너무 지나친 가정(假定)이나 생각에 묶이면 또는 한계를 세우면 종이비행기를 멀리 보낼 수 없다. 현재의 상황에서 지나친 가정을 버렸는가가 더 중요하다.

... 어쩌면 종비비행기를 뭉치로 만들어 던진 비행기가 가장 멀리 날아갔을 것이다.


## 더 스토리(The Story)

우리 사회에서 취업에 꼭 필요한 스펙 7종 세트가 학력, 학점, 토익 점수, 인턴십, 자격증, 봉사활동, 성형수술이라고 한다. 거기에 교환학생 경험, 각종 수상 경력 등을 더하기도 한다. 그런데 내가 만난 기업들에서는 스펙 무용론을 강조한다. "스펙대로 일할 수 있는 사람이 있다면 무조건 뽑는다." 그러니까 단순히 스펙이 좋다고 무턱대고 뽑는 시대는 지났다.

세계에서 가장 개성 넘치는 통찰가 세스 고딘(Seth Godin, 보랏빛 소가 온다, 린치핀, 종족들, 마케팅 천재 저자)은 리마커블(Remarkable)이란 '얘기할 만한 가치가 있는 것'이라 정의했다. 즉 새롭고 흥미진진하다는 뜻이다. 그런데 리마커블의 반대말은 'VERY GOOD'정도이다.

여기서 나는 큰 물음을 갖게 되었다. 리마커블은 '현저하게 탁월하다'는 뜻으로도 쓰인다.

그렇다면 나는 '좋음'을 뛰어넘어 추천할 만한 탁월함과 현저하게 리마커블한가?

세스 고딘은 이렇게 말했다. "황당하고 터무니없는 아이디어를 많이 내놓다 보면 좋은 아이디어도 반짝 나타나는 법이다." 아이디어 근육을 발달시키어 필요한 상황에서 창의력을 발휘할 수 있는 자신감이 있는가?

보랏빛은 선명하고 눈에 확 띄는데 반해 평범한 누런빛은 따분하고 뭔가 끄는 흥미가 없다. 신뢰와 감동을 주는 가장 강력한 리마커블한 법은 그의 이야기(His Story)이다. 넓고 누런 초원에서 풀을 뜯고 있는 수백 마리의 누런 소 떼들보다 보랏빛 소 한 마리가 눈에 훨씬 잘 띈다. 남의 스토리가 아닌 나의 스토리 말이다. 그래서 리마커블은 독특한 스토리가 강해야 함을 의미한다.

우리 사회에 큰 화두는 리마커블(Remarkable)이 아니라 오직 스펙만을 쌓다보니 눈에 띈 스토리가 없다는 것이다. 스펙은 영어 단어 'specification'의 줄임말로, 본래는 기계나 시스템의 여러 성능을 의미한다. 하지만 취업 준비생들이 갖추어야 할 목록으로 더 자주 쓰인다.

사실 덕(德)을 쌓은 경쟁력이 되어야 건강한 사회, 창의적 조직, 리마커블한 인재로 가득한 실용적 조직이 될 수 있다. 사색가가 많아야 조직은 확대되고 부강한 기업이 될수 있다.

*업글 : 사색, 인간*

필리핀에는 멋지고 화려한 호텔들이 많이 있다. 그런데 수도에 있는 마닐라 호텔은 필리핀 최고 최대의 호텔은 아니지만 세계 각국의 여행자들이 가장 많이 찾는 호텔이라고 한다. 그 이유가 무엇일까?

필리핀의 수도 마닐라에 있는 5성급 마닐라 호텔

이유는, 필리핀 어느 호텔과도 비교와 경쟁을 할 수 없는 유일한 스토리(The Story)가 있기 때문이다. 마닐라 호텔은 가장 오래 된 건물로 낡았지만 아이젠하워 미국 대통령, 비틀즈, 영화배우 존 웨인, 정치인 로버트 케네디, 소설가 헤밍웨이, 한국 대통령 등 많은 명사들이 묵은 유일한 스토리가 있는 곳이기 때문이다.

이처럼 어떤 최고의 스펙일지라도 유일한 스토리(The Story)를 이길 수는 없다. 유일한 그 스토리(his story)는 실력이기 때문이다. 어느 분야든 평범함으로는 살아남을 수 있는 시장은 없다.

평범한 누런 소 떼들보다 리마커블(주목할 만한 가치)한 보랏빛 소 한 마리가 눈에 훨씬 잘 띄기 때문이다. 그래서 오늘도 리마커블한 실력, 즉 자신만의 역량(competence)을 집중적으로 개발한다. 그만의 스토리(The Story)를 당당하게 추천할 수 있도록 말이다.

그렇다면 스토리텔링(Storytelling)이란 무엇을 의미하는 걸까? 알리고자 하는 바를 단어, 감성, 이미지, 소리를 통해 사건, 이야기로 전달하는 것이다. 즉 변하지 않는 스토리를 끊임없이 변화하는 텔링(telling)을 통해 전달한다.

인간의 뇌는 게으르기 때문에 늘 익숙했던 패턴과 직관적이고 논리적인 사고를 더 많이 한다. 그런데 뇌는 단순한 말보다 의미 가득한 이야기를 더 잘 오래 기억한다. 그 이야기는 사람의 마음을 움직이는 힘이 있기 때문이다. 두뇌의 측두엽은 이야기를 저장하는 영역이다. 그래서 이야기(The Story)를 더 오래 기억한다.

결국 그 스토리를 다양한 마케팅에 활용하면 큰 감동을 먹일 수 있다. 성과는 자동적으로 따라오게 되어 있다.

## 지식의 끝에서 발견한 위험한 생각들

인간이 동물과 다른 두 가지 특징이 있다.

하나는 인간만이 모든 생명 가운데 유일무이하게 도덕적 감정이 있다는 것이다. 즉 호모 사피엔스(현생 인류)만이 독점적으로 도덕적 감정을 가진다는 것이다.

또 하나는, 인간만이 일시적인 기분이나 욕망에 끌리기보다는 오랫동안 심사숙고한 사색 다음에 행동으로 옮긴다는 점이다. 그러므로 인간은 사색 인간이다.

당신의 가장 위험한 생각은 무엇인가?

무엇이 가장 위험한 사람일까?

흔히 세상에서 가장 위험한 사람은 책을 한 권도 읽지 않은 사람이 아니라 '한 권의 책만' 읽은 사람이다. 이유는 그는 오직 그 시선으로 자신의 사고만으로 판단하고 행동하기 때문이다.

어쩌면 이 강의북을 읽지 않는 것이야말로 당신에게 가장 위험한 일이 될 수 있다. 그리고 고정관념이 없는 사람이 아니라, 단 하나의 고정관념으로만 사는 사람이 가장 위험한 사람일 수 있다.

어떤 생각이 위험한 생각으로 변모하게 되는가?

어떤 생각들을 위험하다고 간주해야 하는가?

지금 하나의 생각이 위험할 수 있다. 생각이 위험해질 수 있다는 생각이다. 물건만 거래되는 것이 아니라 다양한 생각들이 거래되는 사회에 살고 있다. 예로 증오에 차 있는 생각은, 편견에 사로잡힌 생각은, 억울하게 투옥된 자의 생각은, 불쾌한 생각들은 다른 여러 생각들과 잇닿아 있기 때문이다.

이 생각들을 세상에 풀어놓을 때 가장 위험한 생각이 된다. 그 생각이 틀린 것이기 때문에 위험하다. 자신이 가진 위험한 생각들을 다른 사람들에게 설득시키는 것 그것 역시 가장 위험한 생각이다. 하지만 사회는 이 위험한 생각들 덕분에 앞으로 정진할 수 있었다. 이 위험한 생각들이 나중에 정설로 받아들여지기도 한다. 올바른 생각들과 뛰어난 아이디어는 위험하다고 생각하지 않는다.

지금, 당신의 가장 위험한 생각은 무엇인가?

저명한 이탈리아의 철학자, 과학자, 물리학자, 천문학자 갈릴레오 갈릴레이(1564-1642)의 위험한 생각을 자신에게 닥칠 위험 때문에 말도 못하고 공표하지 못했다.

당시에는 모든 천체는 지구를 중심으로 회전한다고 생각했다(천동설). 그러나 갈릴레오는 망원경 관측에 의해 지동설의 철학을 가지고 있었으며 천동설이 틀리다는 것을 알고 있었다. 그래서 폴란드의 천문학자 코페르니쿠스의 지동설을 지지했다. 그러나 교황청은 갈릴레오에게 지동설의 주장을 멈춰달라고 요청했다. 그 이후 갈릴레오는 '지동설'에 대해 공공연히 가르치거나 주장하는 것을 그만두었다.

갈릴레오의 문제가 뭔가? 그는 자신의 철학을 지키지 못했다. 자신이 어렵게 찾아낸 철학을 굽히고 현실과의 타협을 했다는 사실이다.

니콜라우스 코페르니쿠스의 지동설 주장은 천체 관측이 가능한 도구가 없었기에 철학적 관점에서 정리된 주장이기에 더욱 위대한 것이다. 조르다노 부르노(1548-1600)는 자신의 지동설 주장을 화형당하는 순간까지 철회하지 않았다.

우리는 지식의 끝자락에서 발견한 위험한 생각들을 현실과 타협하지 말고 자신의 철학과 가치를 주장할 수 있어야 할 것이다.

## 코페르니쿠스 혁명(Copernicus revolution)

니콜라우스 코페르니쿠스(1473-1543)

당시 진리처럼 믿어온 지구중심설(천동설)의 오류를 지적하고 태양중심설(지동설)을 주장하여 근대 자연과학의 획기적인 전환, 이른바 '코페르니쿠스의 전환'을 가져온 폴란드의 천문학자(니콜라우스 코페르니쿠스)이다.

人間

# 02

## 워라밸 인간

얼굴: 사색

# 지적인 사색가

중국 춘추시기 강태공이 위수(渭水)가에 앉아 낚시 줄을 드리우니 고기 잡는 줄로만 착각하고 주문왕이 다가서며 "물고기 잘 물립니까?" 라는 물음에 "난 한마리 고기가 아니라 천하를 낚아올리고 있소이다" 라고 대답했다고 한다.[1]

## 초솔로 사회

지금 세상은 온통 워라밸(Work and Life Balance), 즉 일과 삶의 균형으로 바쁘다. 그래서 나도 인문학을 누리는 분들에게 인증을 요구한다. 매일 아침 기상하면 독서, 글쓰기 인증 올리기이다. 또 오디오토크 참여하기, 1일 작가 활동하기, 운동하기, 카페에서 사색하기, 기사쓰기 등.

세상은 빠르게 워라밸 초솔로 사회로 바꾸어짐에 기업들은 재빠르

---

1) 강상(姜尙 1211-1072)은 주나라를 건국한 일등공신이며, 전국칠웅인 제(齊)나라의 왕이 되었다.

게 솔로(solo, single)마케팅을 펼치고 있다. 사회학자들은 2035년 솔로 50%, 1인 가구 40%가 주도할 경제사회에 초주목하고 있다.

초솔로 사회의 인간들은 타인과의 비교보다 자신에게 경제적 투자와 일상에서 소소하지만 확실한 성장과 행복을 중요시한다.

여전히 사회의 공동체에서 혼자는 죽음이다. 인간은 사회를 떠나서 살수 없다는 사회적 존재로서의 인간. 즉 '인간은 사회적 동물이다'라는 말을 그리스 철학자 아리스토텔레스가 하였다. 나는 아리스토텔레스의 말을 빌려 다시 말을 남긴다. "인간은 초사회적 동물이다."

그런데 현대사회는 외로움을 질병으로 관리한다. 그 외로움의 원인이 무엇일까? 놀라운 조사결과로 미국의 경제전문지 포천(Fortune)은 지난해 미국 은퇴자협회 연구 결과를 인용해 "외로움은 신종 전염병이며 사회적 고립감은 조기 사망을 부를 수 있다"라고 보도했다. 그런데 외로움과 고독은 다르다. 깨어 있는 시간을 방해받지 않은 채 진지하게 생각으로 채우는 것은 고독이다. 이때 생각은 창조적 성과를 낸다.

나는 미래사회를 읽고 나누는 것이 가장 신난다.

우리의 뇌는 끊임없이 멀티태스킹의 요구에 시달리고 있다.

세계 경제는 성장률 전망을 일제히 하향조정했다. 그런데 미래사회의 트렌드는 재빨리 상향조정했다. 특히 복수형 라이프스타일 삶을 추구한다. 나는 이를 '사색인간'이라는 키워드를 만들어 나누고 있다. 이러한 인류 트렌드를 서울대 김난도 교수는 '업글인간'이라고 말한다. 그런데 인간이 사색하며 사는 것이 보기보다 어렵다. 특히 신기술 시대로 나아갈수록 더욱 더 사색하는 습관을 가져야 한다. 깨어 있는 시간에 절대적 고독 말이다.

워라밸 시대의 창의적 '외로움 창업'이 있는 데, 영어 표현으로 하면 "You talk. We listen"이다. 들어주는 심리 인문학 수업이다. 마치 하루를 천년같이 살아간다. 사람들이 듣는 세상으로 몰려올 것이다. 눈으로 보고 판단하는 사람보다 귀로 들을 줄 아는 사람은 더욱 훌륭한 사람이다. 보는 것 못지않게 듣는 시장도 성장하게 된다. 구글 직원들의 생활지침에는 자녀들에게 사색의 놀라운 힘을 느끼게 하려고 일정시간 자녀의 인터넷과 스마트폰을 금한다고 한다.

인간은 사색하는 존재이다. 설령 같이 산다거나 직장생활을 한다고 해도 양질의 관계를 맺지 못할 경우 여전히 외로움을 느낄 수 있다. 미국 공중보건국장을 역임한 비벡 머시는 외로움은 전염병이라고 했다. 외로움은 하루 15개비 담배 피우는 정도의 수명을 감소시킨다. 외로움은 심장병, 우울증, 고민, 불면증, 치매, 자살욕구 등을 유발하기도 한다.

감히 권한다. 한 주에 하루는 절대적인 고독을 누린다. 문제에 답을 찾아 채워 넣는 것이다. 뇌를 멀티태스킹 하지 않으면서 아무런 방해도 받지 않은 채 진지하게 생각만 한다.

## 하루를 천년같이 사는 업글인간

직장에서 외롭다고 느끼는 사람들은 일에 대한 만족도가 적기 때문에 작업능률이 떨어진다. 문제는 외로움의 전염병이 번지고 있다. 이는 양질의 관계결핍이 외로움의 또 다른 원인이다. 거기에 대인관계가 서투른 것도 외로움의 원인이 되고 있다.

그렇다보니 친구도 사귈 줄 모르고, 만나도 대화를 할 줄 모르고 같이 놀 줄 모르는 것이 외로움의 원인이라는 것이다. 직장적응 능력의 결핍도 외로움의 원인이다. 놀랍게도 사회의 엘리트 분야의 변호사, 의사, 엔지니어 등 전문가들도 외로움이 심한 것으로 나타났다.

위에서 외로움은 전염병이라고 했는데 지나친 말이 아닌 것 같다. 외로움이 사회 전반에 번져 있을 뿐 아니라, 한 사람의 외로움이 다른 사람의 외로움으로 번져가고 있기 때이다. 외로움은 육체, 정서, 정신, 영성 등을 마구 파괴하는 작용을 하기 때문에, 반드시 속히 해결되어야 한다.

나는 그 대안으로 사랑, 일 그리고 100세 인문학 학습모임을 만들어 이끌고 있고, <인간관계로 백만장자가 되는 법>이라는 강의를 계획하고 있다. 각자의 라이프스타일에서 그 외로움을 가장 쉽게 해결 할 수 있는 것부터 해 보자.

다 알고 있는 "구슬이 서 말이라도 꿰어야 보배."라는 속담이 주는 의미가 무엇인가? 제아무리 기발한 기획을 세워도 더 발전적으로 만들거나 행동을 하라는 것이다.

사람은 성장하다가 죽는다. 문제는 얼마나 오래 살아남아서 건강하게 죽음을 늦추느냐 하는 것이다.

미래에는 부(富)를 생산해내는 능력이 기술교양에 달렸다. 그래서 현재 교육의 질이 중요하다. 앞으로의 세계는 기술교양(technology and liberal arts)이 주도하게 된다. 이 기술교양의 사회에 협력하려면 인문교육에 투자해야 한다. 기술교양과 지식이 부족하면 투자한 똑똑한 사람 간 차이가 벌어져 깊은 좌절감을 맛보게 된다.

앞으로 기술교양과 지식이 주도하는 경제가 되면서 현실에 적응하는 능력이 부족하면 침체에 빠지고 짊어질 부채는 늘어날 것이다.

지적 업글:사색인간은 자신을 위해 투자하는 인간이다. 즉 자기 자신을 업그레이드하기 위해 부단히 노력하는 사람들이다. 업글:사색인간의 라이프스타일은 스펙 쌓기에 있지 않고 일과 성장이라는 그 자체가 삶이다. 그들은 꿈을 갖되 너무 먼 미래는 꿈꾸지 않는다. 한 예로, 직장인들이 비싼 금액을 지불하고 기술교양과 지적 대화를 나눈다. 퇴근 후 성장을 위한 삶을 누린다. 업글인간이 지향하는 삶은 질적 향상이다. 그래서 퇴근 후 기술교양과 지적 업글인간 수업을 누리고 있다.

자신을 업그레이드(upgrade)하기 위해 부단히 노력하는 요즘 사람들을 일컬어 '업글인간'이라 말한다. 그래서 업글인간은 지금 당장 소확행을 실천한다. 이 순간을 진지하게 하루를 천년같이 산다. 매우 단조롭지만 흥미진진한 일상을 보낸다. 그리고 업글인간은 사색을 통해 성장한다.

그리스 아테네에서 가장 지혜롭다는 소문이 난 젊은 소크라테스가 아직 철학자의 길을 가기도 전에 벗들 중에 그의 제자를 자처하는 사람들이 나왔다. 소크라테스의 어린 시절 친구였던 카이레폰이 그리스 전역에서 가장 유명한 피티아 여사제로부터 신탁을 받기 위해 델피에 들렀을 때 피티아 여사제는 "소크라테스보다 더 지혜로운 자는 없다." 라고 했다. 이러한 신탁에 믿기지 않던 소크라테스는 자신보다 지혜로운 사람을 찾아다녔다. 시인, 예술가 등 아테네에서 평판이 자자한 사람들을 다 찾아다녔다. 그러나 지혜롭다고 알려진 사람들을 만나고는 이런 결론을 내린다. '이 세상에는 더 이상 지혜로운 사람은 없다.' 그리고는 피티아 여사제가 내린 신탁은 바로 가르침의 길이다. 그날 이후 아폴론 신전 입구에 새겨진 경구를 좌우명으로 삼는다.

"너 자신을 알라!"

지혜롭다고 하는 사람들을 만나 보니 그들은 모르면서 안다고 생각하고 배우려고 행동하지도 않았다. 그래서 소크라테스는 지적인 도전을 멈추지 않는 것이 진짜 지혜로운 사람이라 말한다. 그래서 더욱 누군가의 말에 의존하지도 않고, 누구나 볼 수 있는 눈에 안주하지 않고, 스스로 진짜 지식을 얻기 위한 사색의 노력을 멈추지 않았다.

# 사색의 힘

앞으로 기업의 성패는 커뮤니케이션 갈등을 얼마나 줄이느냐에 달려있다.

빌 게이츠

어떻게 큰 부를 이룰 수 있었던 것일까?

그건 바로 '사색'이었다.

청년시절 최고의 부자 빌 게이츠 집무실에 누구의 초상화를 걸어두었을까? 바로 천재 예술가 <레오나르도 다 빈치의 초상화>이었다.

그리고 애플의 창업주 스티브 잡스의 청년시절 자신의 침실에 걸어두었던 인물의 초상화는 누구였을까? 그역시 천재 <아인슈타인의 초상화>이었다.

레오나르도 다 빈치의 자화상, 1510-1513

이들이 위대한 인물의 초상화를 걸어두었던 이유는 사색의 방식을 닮고자 했던 것이다. 즉 보이지 않는 힘의 위력 말이다. 미래학자 앨빈 토플러(1928-2016)도 "보이는 부가 있고 보이지 않는 부가 있다. 이

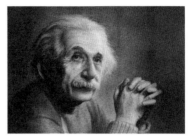

알베르트 아인슈타인

제는 보이지 않는 부가 세상을 이끌어간다."라고 말했다. 우리가 세계적인 기업가로 성장하며 큰 부를 이루기를 원한다면 빌 게이츠나 스티브 잡스처럼 사색하라. 책을 읽고 토론을 즐겨라. 그리고 뽑아낸 사색을 자신의 분야에 접목시켜보라. 분명 미래가 밝아질 것이다. 참 신묘하다. 부자마인드는 특별한 관성을 만들어간다.

부자 빌 게이츠에게는 닮고 싶은 천재 다 빈치가 있었다. 스티브 잡스에겐 상상력의 아인슈타인이 롤 모델이 있듯이 부자가 되려면 닮고 싶은 롤 모델이 있어야 한다.


## 지식 노동자


피터 드러커는 멋진 말을 남겼다. "현대의 경영이나 관리는 커뮤니케이션에 의해 좌우된다." 피터 퍼디난드 드러커(1909-2005)는 오스트리아 출신의 미국 경영 컨설턴트, 교육자 및 저자였다. 현대경영의 창시자

로, 경영학의 구르로 불렸다. 1959년 드러커는 "지식 노동자(Knowledge Worker)"라는 용어를 만들었다. 그는 92세의 나이로 2002년 마지막 학급을 가르쳤고, 96세로 세상을 떠나기 5일전까지 독서와 연구를 하였다.

지식사회에서 부(富)를 창조하는 중심적인 활동은 자본의 배분이나 노동의 투입이 아닌 지식을 배분하고 적용하는 것이라고 하였다. 지식사회의 주도적인 사회집단은 지식을 배분하고 적용하는 지식 노동자라고 정의한다. 드러커는 지식사회에서 지식 노동자를 배출하는 교육, 특히 정규적인 교육의 중요성을 강조하였다. 이 교육은 반드시 전통적인 학교 교육을 의미하지 않는다.

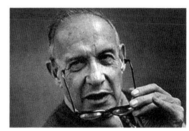

피터 드러커

드러커는 아버지(변호사)의 친구인 오스트리아의 정치 경제학자 조지프 슘페터(Joseph Alois Schumpeter, 1883-1950)로부터 가장 큰 영향을 받았다. 특히 혁신과 기업가 정신의 중요성을 강조 받았다. 1919년 독일-오스트리아 재무 장관으로 재직했고, 1932년 하버드 대학교에서 교수로 재직한다. 슘페터는 20세기 초 가장 영향력있는 경제학자 중 한 명으로 경제

조셉 슘페터

학에서 "창의적 파괴(creative destruction)"라는 용어를 대중화했다. 또 그는 '기업가정신'에 대해 이론화 한 최초의 학자였다. 이는 '새로운 일을 하거나 이미 새로운 방식으로 행해지고 있는 일을 하는 것.' 기업가이다. 한마디로 혁신과 변화는 야생의 정신에서 비롯된다는 것이다.

드러커는 경영이 "교양(a liberal art)"이라고 가르쳤으며, 경영학에 역사, 사회학, 심리학, 철학, 문화 및 종교의 교훈을 주입했다. 그는 지식 근로자가 현대 경제의 필수요소이며 자산이라고 가르쳤다.

이 철학의 핵심은 사람들이 조직의 가장 귀중한 자원이며, 관리자의 임무는 사람들이 수행 할 수 있도록 준비하고 자유롭게 일할 수 있게 하는 것이다. 그러므로 앞으로 최고의 자산은 교육을 받은 지식 노동자이다.

"미래를 예측하는
가장 좋은 방법은
미래를 창조하는 것이다."

-피터 드러커-

# 사색 실험

전장에서의 무전무패를 자랑하는 나폴레옹이 전술 전략에 자기만의 사색법을 적용하면서 멋진 말을 남겼다. "전쟁, 그것은 상상하는 것이다." 그가 또 하나의 명언을 남긴다. "부를 위해서는 먼저 성공을 상상해야 한다."

그렇다. 경제는 사색이다. 아니 이기는 자는 사색한다.

드러커는 말하기를 '인류의 99%는 사색하지 않는다. 그리고 사색하는 1%의 밑에서 노동을 하면서 살아간다'고 하였다. 최고의 경제적 부를 누리는 유대인들은 인문학과 일의 결합을 통해서 자립하는 방법을 깨우쳐 준다. 그러므로 경제는 사색(사유思惟, Thinking, speculations)을 위한 것이다. 그래서 내가 만든 말이 '경제는 인문학이다.' 사색이 경제의 명제이기 때문이다. 사색을 삶의 최우선 순위에 두면 돈이 된다. "사색을 해보라", 고대 그리스 철학자 소크라테스는 사색을 삶의 최우선 순위에 두었다. 한번 사색하기 시작하면 소크라테스는 모든 것을 잊고 혼

*업글 : 사색, 인간*

자만의 공간에서 깊은 사색을 하였다.

그는 무려 2주 동안이나 서재에 파묻혀 아무도 만나지 않고 사색에 빠졌다. 결국 세상에 놀라게 할 상대성이론을 발견하게 된다. 그 '상대성이론'하면 무엇이 가장 먼저 떠오르는가?

과학계의 획기적인 획을 그었던 이론 물리학자 알베르트 아인슈타인 일 것이다. 나에게 아인슈타인 하면 떠오르는 것은 '논두렁을 걸으면서 사색하다가 상대성 이론을 생각해냈다'는 일화이다. 그는 진짜 사색가였다.


사색할 줄 아는 사람과 사색할 줄 모르는 사람 사이의 성장은 큰 차이를 나타나게 된다. 쉽게 말해 사색하는 사람이 앞으로 세상을 지배하게 될 것이다. 미래사회의 자산은 사색이기 때문이다. 새로운 창출은 사색가로부터 만들어진다.

그렇다면 아인슈타인이 상대성이론을 발견할 수 있었던 결정적인 요인은 무엇이라고 생각하는가?

그의 천재성 때문이 아니라 바로 '사색 실험' 덕분이었다. 그의 사색 실험은 바로 상상력에 있었다. 상상하고 또 상상했다. 꼬리에 꼬리를 무는 상상을 계속하여 하다가 떠오른 영감을 곧바로 이미지화한다. 이것을 구체적으로 그려내기 위해서는 절대 긍정의 마인드가 있어야 만들어지는 것이다. 그런데 아인슈타인의 사색 실험은 곧바로 만들어진 것이 아니다. 그는 사색하기 위해 노력하였다. 특히 독서와 토론을 통해 눈에 보이지 않는 사색을 하였다. 사색은 지식과 학습이라는 영양분이 공급되어져야 한다. 날마다 학습을 먹여야 자랄 수 있기 때문이다. 사실 내가 사색가로 인문학자로 성장할 수 있었던 요인은 바로 독서와 학습, 그리고 토론을 즐겼기에 가능했다.


## 성장케 하는 사색가

성장하고 싶다면 사색할 줄 알아야 한다. 사색가가 돼라.

큰 성과를 내고 싶다면 사색하는 힘을 길러야 한다. 그렇기 위해서는 학습을 즐기며 책을 읽고 토론을 해야 한다. 구별된 사색의 시간을 갖는다. 한 주에 단 하루는 사색만 한다. 하루에 한 시간은 진지하게 사색한다.

앞으로 이기는 힘은 정보의 깊이가 아니라 생각의 깊이에 달렸다. 정보의 습득이 중요한 것이 아니라 생각을 제대로 활용하는 능력이 더 중요하다. 그래서 스펙과 정보를 가지고도 성장으로 활용하지 못한다. 그러나 사색은 성장으로 활용한다. 지식과 스펙 그리고 정보를 넘어서 성장으로 연결 지어 뻗어나갈 수 있는 자산이 되어야 한다.

다음에 나의 성장을 위한 사색 프로젝트를 계획하고 서술한다. 그리고 나누어 보자.

**나의 사색 프로젝트**

人間

# 03

## 나신의 청년상 쿠로스

얼굴: 사색

# 누드 쿠로스(kouros)

---

## "천재를 믿지 않는 사람,
## 혹은 천재란 어떤 것 인지를 모르는 사람은
## 미켈란젤로를 보라"

---

로맹 롤링

## 지식 청년

중국의 마오쩌둥은 1966년에 문화대혁명을 시작하여 홍위병(학생, 청년)을 내세워 낡은 습관과 생각, 관습들을 부수었다. 한마디로 청년들이 중심이 되어 낡은 사상, 문화, 풍속, 관습 등을 타파하는 개혁운동이었다. 그런데 그 홍위병에 지원한 학생들은 모두 지식 청년들이었다고 한다.

그리스어 쿠로스(κοῦρος, kouros, BC 660)는 '청년'이란 뜻이다. 기원전

6세기에도 청년이란 '젊음' '힘' '건강'의 이상을 표현했다. 그래서 청년은 항상 누드상으로 조각하였다. 그러므로 청년 쿠로스는 옷을 입고 있지 않다는 것은 자유, 도전, 용기, 패기, 생명력, 대단함의 상징이기 때문이다. 청년은 그 자체가 힘이며 아름다움이다.

천재 예술가 미켈란젤로(1475-1564)의 작품들도 최고지만 그의 성품은 더 감동적이다. 그는 어떤 일이 주어지면 현실에서 최선을 다하였다. 그에게 작은 기회는 위대한 일의 시작이었다. 르네상스 시대를 가장 대표적인 조각품은 다비드상이다. 처음 피렌체 성당에서 다비드상 조각을 의뢰했던 조각가는 미켈란젤로가 아니라 당대 최고의 조각가인 도나텔로(1386-1466)였다. 그는 르네상스 시기 조각의 선두주자였다.

먼저 도나텔로가 피렌체 성당에서 조각에 쓰일 대리석을 받고 살펴보니 너무나 갈라진 틈과 흠이 많은 것을 알게 되었다. 그리고는 피렌체 성당에서의 제안을 거절하게 된다. 그러자, 피렌체 성당에서는 똑같은 대리석을 미켈란젤로에게 가지고 가서 작품을 만들어 달라고 제안을 하게 된다. 미켈란젤로는 생각할 것도 없이 갈라진 틈과 흠이 있는 대리석을 가지고 작품을 만든다. 당시 26세였던 미켈란젤로는 조각할 수 없는 틈과 흠이 있는 많은 대리석을 이용하여 3년 만에 5.49m의 거대한 청년 다비드 상을 완성하게 된다.

## 가장 완벽한 젊은 남상의 인체

다비드 상(David)은 르네상스 시대의 이탈리아 예술가 미켈란젤로가 1501년과 1504년 사이에 조각한 대리석상이다. 크기는 199x417cm이고, 소장은 피렌체 아카데미아 미술관에 있다.

미켈란젤로는 이스라엘의 위대한 왕 다윗의 청년의 모습을 예술적으로 위엄있게 표현해냈다.

유명한 조각가 도나텔로가 포기한 대리석에서 작업하기 힘든 갈라진 틈과 홈을 발견했지만 자신의 능력에 대한 도전으로, 주어진 현실에서 최선을 다해 시대를 초월한 불후의 명작을 만들어 낸다.

기존의 다른 조각가의 다비드 작품들은 골리앗의 머리를 든 승자의 순간을 묘사하였으나 미켈란젤로는 투석기를 어깨에 짊어지고 균형 있는 자세를 취했다. 또 미켈란젤로의 <다비드상>이 취하고 있는 신체 구조는 '콘드라포스토' 자세로 한쪽 다리에 몸 전체의 무게를 지탱하고 나머지 다리는 편안한 자세를 취하는 것을 통해 안정감을 주고 있다. 이는 특히 행동 직전의 반동 자세를 나타내며 역동성을 부여하고 있다. 몸을 비틀어 S라인을 만들었다.

특히 다비드상은 머리와 오른손 그리고 발가락 등이 실제보다 크게 부각되어 있다. 이는 아래에서 올려다보았을 때 더욱 두드러지게 보이 도록 한 것이다.

다비드상은 르네상스 조각 작품을 대표하며 젊은 육체의 아름다움 과 힘을 상징하는 예술로 역사에 남은 최고의 작품이다.

조각 <다비드상(David)> 얼굴 부분

## 도전하는 청년

나는 그리스 조각 쿠로스 상(像)을 관찰하면서 아름답게 완성한 청년의 이상상(像)이란 자유, 도전, 최선, 몰입, 창조, 발전을 의미한다는 것을 읽을 수 있었다. 작품에서 보듯이 왼쪽 발을 한 발자국 앞으로 내고, 양쪽 팔을 허리에 얹고 선 모습이 앞으로 힘차게 나아가는 쿠로스 상이다. 우리의 현실 상(像) 역시 팔 다리가 쭉 펴있는 모습과 한 발을 내딛고 있는 역동적 모습이 되어져야 한다. 그리고 삶의 무게중심이 앞으로, 그러나 서로 다른 방향으로, 하지만 부드러운 자세로 나아가기를 바란다.

이 청년들의 나신상(像)은 단순히 육체적 아름다움만을 과시하지 않았다. 이들은 육체적 건강함과 정신(마음)을 함께 단련하였다. 젊고 용맹한 전사를 상징적으로 나타낸다.

그렇다. 청년은 강한 용기에 가득 찬 전사이다. 그들에게 강력한 무기는 도전하는 청년이라는 의미이다.

쿠로스 상(像) 근육을 조화롭고 균형적 상태를 유지하려면 평소 피나는 땀과 노력을 해야 한다. 몸과 마음, 그리고 주변 환경의 균형 상태에서 지속적인 운동과 끊임없이 지성을 갈급하는 배움의 열정을 갖도록 노력해야 한다.

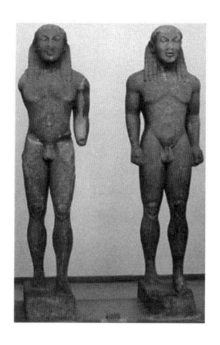

수니온에서 출토된 쿠로스 상<두 형제 : 크레오비스와 비톤>,
기원전 600년, 대리석 218& 216cm, 아테네 고고학 국립박물관

# 지성의 청년이 답하라

## 군자다운 청년

공자가 중용(中庸)적 삶에서 으뜸이 되는 것은 몸과 마음의 조화로운 삶이라고 강조했다. 또 공자는 말하기를 군자다운 청년은 끝도 모르고 뚜렷하지도 않은 길을 나아가는 자이니, 참으로 도전적인 정신을 지닌 모험가라고 하였다.

다음 물음에 답해보라.

"우리의 삶을 넉넉하게 충족하기 위해서는 무엇이 있어야 할까?"

나는 공자의 가르침으로 답하겠다.

"경제와 교육을 배워야 한다."

한번은 공자가 위나라에 갔을 때, 위나라의 백성이 많은 것을 보고 감탄하자, 수레를 몰던 제자 염유는 "이미 많으면 또 무엇을 더해야 합니까?" 그러자 공자가 답했다. "부유하게 해주어야 한다(경제교육)." 다시 염유가 "이미 부유하게 된 뒤에는 또 무엇을 더해야 합니까?"하고 묻자, 공자는 "가르쳐야 한다(배움)"라고 답했다.

동양에서는 '리더leader'를 의미하는 말로 '군자(君子)'라고 한다. 고전 <중용(中庸)>에서는 이를 '지(知) 덕(德) 용(勇)'의 덕목을 가지고 자신을 경영하는 자를 말한다. 나는 이를 '더 리더(The Leader)'라고 말한다. 그러므로 고전 사서(四書) 중 하나로서 중용(中庸)은 치우치거나 기대지 않고 지나침도 모자람도 없는 평상의 이치다.

자사(子思, BC 483-402)는 전국 초기의 철학자로 중용(中庸)의 저자이다. 그는 공자의 손자로 일찍이 증자(曾子, 공자 만년의 제자이며 공자 사상의 계승자)에게 가르침을 받았다. 증자는 공자의 제자이다. 중용은 후세에 지대한 영향을 미쳤다. 그래서 남송의 주희(朱熹)는 이 책을 대학, 논어, 맹자와 함께 '사서四書'로 만들었다.

군자가 지켜야 할 최고의 도덕규범(리더십)으로, 지(知)는 전략수립, 올바른 판단, 미래 예측, 바른 이성, 그리고 상황 및 문제 파악을 의미한다. 덕(德)은 나눔과 배려, 감정이해, 공감과 사람을 이끄는 통찰력이다. 그리고 용(勇)은 생각을 실천하고 옮기는 언행일치를 말한다.

이처럼 군자적 리더는 큰 비전과 함께 실행력을 갖추어야 한다. 이를 군자다운 청년이라 말한다.

## 군자오미의 덕목

다시 <논어>에 보면 공자(孔子)와 그의 제자 간 대화를 통해 군자가 갖춰야 할 덕목으로 5가지 미덕을 뜻하는 '군자오미(君子五美)'를 말했다. 논어의 맨 마지막 편인 '요왈(堯曰)'에서 제자 자공(子貢)이 공자에게 "자장과 자하 둘 중에서 어느 쪽이 어집니까?(仁)"라고 묻자, 공자의 대답은 다섯 가지 균형 잡힌 덕목인 '군자오미(君子五美, 배려, 지도력, 성취욕, 자유, 위엄)'를 강조하여 대답하였다.

리더는 배려하되 지나치면 안 된다(惠而不費)

일을 시킬 때 부하 직원이 이에 원망을 느끼게 하면 안 된다(勞而不怨)

욕망을 갖되 탐욕을 부려서는 안 된다(欲而不貪)

자유롭되 교만하게 보여서는 안 된다(泰而不驕)

위엄을 갖추되 사나워 보여서는 안 된다(威而不猛)

한마디로 5가지 미덕의 균형을 중시한 것이다. 배려가 과하면 간섭이 되고, 성취욕이 지나치면 탐욕이 되고, 위엄이 과하면 독재가 됨을 말이다.

이처럼 참된 군자적 리더십은 누군가를 의도한 방향으로 이끌어가는 능력이다. 따라서 무엇을 선택하는 것보다 그 방향이 옳아야 한다.

업글 : 사색, 인간

어쩌면 선택보다 방향이 더 중요하다. 그러므로 군자의 중용은 때에 따라 중도에 맞게 올바른 방향으로 나아가는 행동을 하는 것이다. 그래서 군자와 소인은 중(中)에서 갈린다.

역사학자 아놀드 토인비(1889-1975)는 상황의 격변이라는 '도전'에 대해 소수의 창의적 리더가 얼마나 잘 '응전(應戰)'하느냐에 따라 문명의 성장과 쇠퇴가 좌우된다고 주장했다. 그 군자오미(君子五美) 창의적 소수자에 우리들이 포함되어 있음을 잊지 말라.

지금 당신이 품고 있는 원대한 꿈, 사명감, 순수성, 열정, 그리고 창의성을 잃게 되면 결국 우리가 머물고 있는 사회나 조직은 쇠퇴하고 종국에는 몰락하고 만다.

따라서 당신은 경제와 교육을 배우는 더 리더(The Leader)로서 몸과 마음의 조화로운 삶을 추구하며 중용적인 삶을 사는 군자다운 청년이다. 언제나 사려 깊고, 선택에 자부심을 갖는다. 이제 당신도 군자(君子)적 지(知) 덕(德) 용(勇)의 덕목을 갖추었으니 큰 성장을 누리기를 바란다.

그러므로 리더는 타고나기보다 만들어지는 것이다.

# 판타 레이(변화력)

## 창조적 인간

'인디언들이 기우제를 지내면 반드시 비가 온다.' 인디언들이 지내는 기우제에는 어떤 특별한 효험(efficacy)이 있어서가 아니라 비가 내릴 때까지 계속해서 기우제를 지냈기 때문이다. 그러나 우리가 이미 누리고 있는 제4차 산업혁명 시대는 마냥 기우제를 지내며 기다릴 수는 없다. 새로운 과학기술과 지식사회로부터 성장의 원동력을 창출하고 재빠른 혁신활동을 통해 경쟁력 있는 가치 창출을 만들어내야 한다. 그렇기 위해서는 미래 사회와 경제, 트렌드를 읽고 현실에 구현시키는 것이다.

변화를 읽고 앞서 변신해야 한다.

급변하는 경쟁 환경에서 무모하고 고집스러운 시골뜨기의 철학은 무딘 칼날과 같다. 무작정 기다리는 것이 아니다. 그리스의 철학자 헬라클레이토스의 경구가 그 답을 알려준다. 아니 그의 망치가 내려쳤다.

*업글 : 사색, 인간*

르네상스 천재 화가 '라파엘로(Raffaello Sanzio, 1483~1520)'의
'아테네 학당(Scuola di Atene), 1511년, 헤라클레이토스 하단 세부 그림이다.

"예상할 수 없는 것을 상상하라. 그렇지 않으면 그것을 찾지 못하리라." 이 경구를 통해 세상은 신기한 사건으로 가득 차 있고 끊임없이 변하고 있음을 알게 되었다. 그리고 헤라클레이토스를 대표하는 말 중에서 가장 유명한 말은 아마도 "같은 강물에 두 번 발을 담글 수 없다."라는 말일 것이다. 이는 변화의 급격함과 빠름에 의해서 가시적이거나 고정된 것을 두 번 접할 수 없음을 의미한다. 그 다음으로 경구 중 가장 유명한 것이 바로 "만물은 끊임없이 변화한다."

우리 눈에는 멈추어 있는 것처럼 보이는 것도 사실은 변화하고 있다. 끊임없이 변하고 있다.

결국 헤라클레이토스의 캐치프레이즈는 "모든 것은 흐른다(판타 레이, panta rhei, All things are flowing)" 즉 관찰에서 혁신으로, 통찰로, 그리고 공감에서 끌리는 이야기로 이어지는 창의적 흐름이다. 상상한 것이 현실화되는 세상이다. 꿈꾸는 대로 이루어지게 된다.

우리는 똑같은 강물 속에 두 번 들어갈 수 없듯이 다른 변화의 물결들이 쉼 없이 계속 흘러 들어온다. 계속하여 빠르게 변화하기 때문에 영원한 것도, 남는 것도 하나도 없다. 만물은 유전하기 때문에 한 곳에 머무르지 않고 사라지게 되어있다. 그래서 누구든 고착되어 변화하지 않고 그대로 있을 수 없다. 물은 흐르지 않으면 썩게 되듯이 말이다.

앞으로 사람도, 조직도 아니 기업이라 할지라도 판타 레이(변화력)가 없으면 도태되게 된다.

BC 6세기 헤라클레이토스는 초현실주의 철학자로 불려도 손색이 없다. 그가 활동했던 40대에는 중국의 노자(老子)와 그리스의 소크라테스, 인도의 고타마 싯다르타와 비슷한 시대를 살았다. 헤라클레이토스는 고대 그리스 에페소스의 귀족 출신이었다. 그는 홀로 공부하고 스스로를 탐구해 철학적 깨달음을 얻었다.

나는 여러분들이 이 책강의를 통해 인생의 수많은 문제를 해결하고 새로운 아이디어를 찾을 것으로 본다. 뿐만 아니라 잠자는 창의력의 원천을 깨워 좋은 기회도 잡을 것이다. 창조적이고 열린 마음으로 이 책강의에서 큰 해답을 경험하게 될 것이다.

## 청년 링컨의 사색

고전 <중용(中庸)>에는 '내백공(來百工)'이라는 문장이 나온다. 나라에 백 가지 기술과 예술 분야의 전문가를 데려와서는, 이들에게 합당한 대우를 해주고 격려하면 나라의 물자가 풍족해진다는 의미이다.

치열한 경쟁사회에서 이기기 위해 최적화된 창의적 인재를 키우는 일에 집중해야 한다. 배우고 단련시키는 과정을 소홀히 해서는 안 된다. 몽골제국을 건설한 징기스칸의 포용력은 대단했다. 정복 전쟁을 벌이는 과정에서 군대의 전투력을 강화하는데 기술자만큼은 적극적으로 포용하여 활용하였다. 뿐만 아니라 그는 평상시에도 전문가, 예술가, 기술자, 교사들이 꿈을 맘껏 펼칠 수 있는 환경을 만들어 줌으로써 몽골제국을 당시 가장 발달된 문명국가로 성장시킬 수 있었다.

링컨의 삶은 한마디로 하루하루가 사색적 생활이었다.

에이브러햄 링컨을 보면 리더십 자질은 키워지는 것임을 확실히 알 수 있다. 링컨의 기억력은 선천적 능력이 아니라 후천적으로 개발한 능력이었다. 그는 마음에 와 닿는 구절을 보면 무조건 적는다. 종이가 없을 경우에는 판자에 그 구절을 써두고 외웠다. 링컨은 친구들이 노는 동안에도 책을 읽고 또 읽었다.

사실 링컨의 아버지 토머스는 자신의 이름도 쓰지 못하는 무학자였다. 링컨 역시 9살 이후 더는 학교 교육을 받지 못했다. 그때부터 독학으로 공부하였다. 매일 힘들게 일하면서도 잠시라도 쉬는 시간이 생기면 책을 읽었다. 특히 링컨은 사람들 앞에서 소리 내어 책 읽는 걸 좋아했다. 그리고 긴 시구와 구절을 외워서 암송했다. 빌린 책은 그 내용을 완전히 자신의 것으로 만든 뒤에야 돌려줬다. 한 예로 <영어문법> 책을 빌리려고 10킬로미터를 걸어갔다.

아버지는 링컨이 밭에서 책을 읽거나 일꾼들과 이야기를 나눌 때면 아들을 매섭게 나무랐다. 심지어 책을 찢고, 채찍질하기도 했다. 그럼에도 시간이 지날수록 링컨은 사색적이며 이야기 전달력과 유머 감각을 키워갔다.

20살 넘어 잡화점에서 점원으로 일하며 시집이나 산문집을 항상 계산대 뒤에 두고, 잠시라도 한가해지면 그 책을 읽었다. 평생 동안 하루도 빠짐없이 책을 읽었다. 마을 사람들은 링컨의 사색적이고 해박한 지식에 사로잡혔다. 그들은 링컨에게 책을 빌려주며 그의 성공을 기원해 주었다.[1]

그는 찬란한 미래를 위해 독학하며 치열하게 사색적 삶을 살았다. 무섭게 책을 읽었다.

---

1) 혼돈의 시대 리더의 탄생, 도리스 컨스 굿윈, 역 강주헌, 커넥팅(2020)

# 눈물을 흘리는 철학자

요하네스 모레엘스(Johannes Moreelse, 1603-1634)가 그린
'헤라클레이토스', 1630년

화가 요하네스 모레일스는 헤라클레이토스를 '눈물을 흘리는 철학자'로 묘사했다. 헤라클레이토스는 세계를 향해 두 손을 감싸고 있으며, 어둠에 둘러싸인 채 전통적인 모티브이지만 간절히 세상을 위해 기도하고 있다.

창의적 혁신은 미래사회를 읽고 기술과 문화, 정보와 지식 등을 융합(convergence)에 의해 이루어진다. 이 융합은 섞는 것을 의미한다. 즉 이질적 개체들을 연결, 통합해서 가치가 더 커진 새로운 개체를 만들어

내는 혁신 활동이다.

그러므로 나신의 쿠로스 상이나 미켈란젤로의 다윗 상 그리고 헤라클레이토스의 "모든 것은 흐른다(판타 레이)"는 가르침은 한마디로 창의적 열정을 말하고자 함이다.

이제 자신이 선택했으면 자부심을 갖고 열정을 바쳐야 한다. 열정에는 반드시 대가가 있어야 하고 그 만큼 값진 것이 돌아온다. 여기서 대가는 미래를 준비하는 열정을 의미한다.

따라서 열정이란 원래부터 비생산적이지만 그것이 살면서 꼭 필요한 창의적 에너지라는 데는 의심할 여지가 없다. 독일의 철학자 바우만은 우리 시대의 일중독자들은 "노예가 아니라 가장 운 좋은 성공한 엘리트들"이라고 이야기한다. 즉 창의적 열정은 최고가 되기 위해서 노력할 뿐만 아니라 그 과정도 사랑했다고 지혜의 노예는 말한다.

나는 당신이 선택한 일을 즐기는 지혜의 노예가 되기를 바란다. 결국 큰 성과를 누리게 될 것이다. 창의적 열정은 기적을 만들어낸다.

"목표를 기록하면 방황하는 일반인에서

중요한 특정인물이 된다."

- 동기부여가 지그 지글러

人間

# 04

## 피 튀기는 초(超)경쟁 비즈니스

얼굴: 사색

# 전략적 역량

만일 겨울이 없다면, 봄은 그다지 즐겁지 않을 것이다.
만일 우리가 때때로 역경을 경험하지 못한다면,
번영은 그리 환영받지 못할 것이다.

미국 식민지 시대 최초의 여류 시인 앤 브래드스트리트(1612-1672)

## 악착같은 근성

성공 철학자이며 <1년 안에 행복한 부자가 되는 지혜>의 작가 나폴레온 힐은 숲에서 가장 강한 나무는 오히려 폭풍우와 맞서고 다른 나무들과 싸우는 등 온갖 시련을 이겨낸 후에야 만들어진다고 했다. 비즈니스에서 성공하려면 더 악착같은 근성을 가지고 명확하게 세운 목표를 향해 질주해야 한다.

중국인들의 치열한 상인정신을 한마디로 악착같은 근성 때문이다. 그들에겐 남다른 세 가지가 있는데, 첫 번째로 사람을 다루는 능력이

업글 : 사색, 인간

다. 마오쩌뚱(모택동)은 "사람을 다룰 수 있다면 그만한 기쁨은 없다"라고 하였다. 두 번째로 부자는 변화에 대처하는 방법이 달라야 한다. 변화는 스스로 자신의 이익을 지키는 것이다. 마지막으로 성실과 신뢰는 사업의 근본이다. 그들에게 화비삼가(貨比三家 가격은 세 군데 이상 비교한다)라는 상인정신이 몸에 배어 있다.

나스닥에 상장하면서 세계 최대 온라인 게임업체가 된 텐센트 마화텅 회장은 조용히 실속을 챙기는 도광양회(韜光養晦, 자신의 재능이나 명성을 드러내지 않고 참고 기다린다)의 리더십을 보여주었다. 마화텅 회장은 알리바바의 시가총액을 앞질렀고, 인터넷전문은행 위뱅크(webank)를 출시하였다. 또 O2O혁명(Onlie to offline)을 주도하여 텐센트는 매년 고속 성장을 거듭해왔다.

그런데 텐센트의 최대주주는 놀랍게도 지분의 33.6%를 보유한 남아공의 언론 재벌 내스퍼스(Naspers)다. 중국인 창업자 마화텅의 지분율은 10%에 불과하다. 사실상 주인인 내스퍼스의 가장 돋보이는 투자의 요인은 첫 번째 투자이후 끝까지 버티고 팔지 않았다는 것이다. 기업가정신을 믿고 어떤 유혹에도 흔들리지 않고 끝까지 버티기로 일관했다. 결국 선택의 자부심이 부를 만들었다.

이처럼 제4차 산업혁명 시대에도 악착같은 근성, 강인한 정신이 필요하다. 사업이든 장사든 그것이 투자라 할지라도 나름 악착같은 근성의 상인정신이 필요하다. 선택한 것에 자부심을 가져야 한다. '성공에 왕도는 없다'라는 말이 있듯이 숲속에서 나만의 길을 스스로 개척하며 나아가야 한다.

"사람이 완벽하게 조절할 수 있는 것은
세상에 딱 한 가지 밖에 없다."

-나폴레온 힐-

업글 : 사색, 인간

# 소그드 상인정신

소그드 상인(A.D. 7-10세기)

　분명 소그드 상인정신을 갖췄다면 대(大)거부(巨富)가 될 기회를 얻게 될 것이다. 그런데 거부가 되고 거상으로 활동하기 위해서는 먼저 초(超)긍정의 마인드를 가져야 한다.

고대 중앙아시아에서 실크로드의 상권을 실질적으로 지배하고 있던 사람들은 이란계 민족인 소그드 상인(Sogdiana merchants)이었다. 지금도 소그드 상인의 이름은 오아시스 비단길에 전설처럼 남아 있다. 오아시스 비단길의 교통 요충지를 근거지로 삼아 유라시아 동쪽에서 서쪽의 비잔틴제국까지 넓게 발자국을 새겨놓았다. 페르시아 상인이나 아랍상인과 달랐다. 소그드 상인정신은 "한 푼의 이익을 가지고도 서로 다투며 이익이 나는 장사라면 가지 않는 곳이 없다."는 의미를 지니고 있다. 그들은 참으로 상인정신이 투철했다. 소그드인은 아이들이 태어나면 달콤한 언어를 구사하도록 입에 꿀을 발라줬으며, 한 번 쥔 돈은 절대 새나가지 않게 손에 아교를 발라주었다고 한다.

소설 상도(商道)를 보면 조선의 거상 임상옥(1779-1855)의 이야기를 볼 수 있다. 그의 곁엔 항상 계영배(戒盈杯)라는 잔이 있었다. 말 그대로 '가득 넘침을 경계하는 잔'이라는 뜻으로, 잔에 70%이상 술을 담으면 밑으로 흘러내리도록 설계되어 있다. 거상 임상옥은 계영배를 늘 곁에 두고 재물에 대한 욕심을 다스렸다고 한다.

욕심과 자만심의 독이 가득 들어차지 않도록 자신의 마음을 다스리는 계영배의 절제가 절실히 필요하다. 그래서 잘나간다하여 교만하지 말고, 가졌다고 거만하지 말며 없다고 업신여기지 말자. 중국의 철학자 공자(孔子)는 '예(禮)'를 통해서 이성과 감성을 조율하는 중(中: 한쪽으로 치우치지 않는 객관성과 공정함)과 화(和: 양쪽을 모두 아우르는 조화로움)를 강조했다.


## 삽질 정신

인간은 생각하는 존재이다. 그런데 사실 생각하는 것만큼 어려운 일
도 없다. 보이는 것을 더 믿고 경험해본 것만 신뢰하려는 기본적인 속
성을 가졌기 때문이다. 그래서 많은 사람들이 중요한 결정을 내릴 때
자신의 고정관념이나 과거의 경험에 의지해 결정하거나 판단한다. 확고
한 기준이 없을 때에는 적당히 다수의 생각에 묻어가는 경향을 보이곤
한다. 하지만 리더는 현상 뒤에 가려진 본질까지 꿰뚫어 볼 줄 아는 능
력(insight)을 가져야 한다. 중국 남송대의 주희는 고전 <대학>에서는 이
것을 격물치지(格物致知 모든 사물의 이치(理致)와 원리를 끝까지 파고 들어가면
앎에 이른다)라고 했다. 즉 세상 모든 현상에는 파고 또 파다보면 그것을
파악할 수 있는 지혜를 얻게 된다. 나는 이를 삽질정신이라고 말한다.
파고 또 파다보면 얻게 된다.

부자의 꿈을 품은 리더들은 필히 다음 공자(孔子)의 말을 가슴에 새
기고 있어야 할 것이다. "사람이 멀리 생각하지 않으면 반드시 가까운
근심이 생긴다." 만일 리더에게 살피고 분석하며 미래를 읽을 수 있는
능력이 없다면 조직을 운영하는데 어려움을 겪게 될 것이다. 부(富)의

미래를 예측하여 전략적 역량을 갖추어야 살아남을 수 있다. 따라서 최상의 시나리오뿐만 아니라 최악의 시나리오기반으로 사전에 대책을 세워놓는 것이 바람직하다.

우리는 피 튀기는 초(超)경쟁 비즈니스에 살고 있기 때문이다. 제자리라도 지키고 싶다면 죽어라 뛰어야 한다. 이는 살아남은 자들의 비밀이기도 하다.


## 우문우답 말고 우문현답

이솝우화에 보면 '매미와 이슬 먹는 당나귀' 이야기가 나온다.


**매미들이 노래하는 소리를 듣던 당나귀는 그들의 화음에 매료되고 말았다.**
**그래서 매미에게 "대체 무엇을 먹기에 그처럼 고운 목소리가 나느냐?"라고 물었다.**
**그러자 매미는 "이슬을 먹고 살지."라고 대답했다.**
**다음날부터 당나귀는 이슬만을 기다리다가 굶어 죽고 말았다.**


이 우화 이야기는 우문우답(愚問愚答: 어리석은 질문에 어리석은 대답)식

사고가 문제다. 당나귀는 자신의 본성과 특성을 고려하지 않은 채 무턱대고 매미처럼 이슬을 먹으려다가 그만 굶어 죽고 말았던 것이다.

당나귀는 잘하는 자신만의 역량(재능)개발은 파악하지 않고 매미처럼 이슬만 먹으면 노래를 잘할 수 있을 것이라고 착각했다. 나름의 매력과 개성의 역량을 고려하여 재능을 개발할 수 있어야 한다. 그래야 문제의 본질을 짚지 못한 질문일지라도 우문현답(愚問賢答, 어리석은 질문을 받고 현명하게 답함)식으로 대답할 수 있다.

# 잠재적 핵심역량

---

스스로 생각할 줄 아는 사람은 타인의 생각에
무조건 기대거나 영향을 받지 않는다.

---

생각하는 힘

세상의 위대한 발명은 우연히 아니라 멈추지 않는 끈기 덕분이다. 스스로 생각하는 힘을 길렀기에 가능한 것이다.

'역량(competency)'의 사전적 의미는 '어떤 일을 해낼 수 있는 힘'이다. 미국 하버드대학교 심리학과 교수인 맥클랜드에 의해 처음 사용되었다. 그는 뛰어난 성과를 내는 독특한 행동특성을 '역량'이라고 정의했다. 역량은 반드시 행동으로 나타나며 지식, 기술, 가치관, 사고유형, 성격, 태도 등의 구체적인 행동특성을 가지고 있다. 의사소통 능력이 매우 뛰어나다는 것이다. 결국 역량은 성과로 이어져야 한다.

역량은 개인과 조직이 해결하고자 하는 문제, 달성하고자 하는 목표 등의 해결책을 제시할 수 있어야 한다. 소위 스펙(Specification) 즉, 겉으로 드러나는 성과보다는 높은 성과를 창출할 잠재적 역량을 갖춘 인재를 의미한다.

맥클랜드 교수는 잠재적 핵심 역량을 5가지 요소를 갖추어야 한다고 했다. 동기, 특질, 자기개념, 지식, 기술 특성이다. 그러나 이와 같은 역량은 평가하거나 개발하기에 쉽지 않은 특성이 있다. 따라서 역량 있는 다름을 개발해야 한다. 남다른 핵심 역량이 있어야 한다. 핵심역량은 개인의 자질이나 잠재적인 특징으로, 어떤 직무나 역할을 수행할 수 있게 하는 기술적 또는 전문적 숙련과 결합되어 있다. 그래서 다양한 역량은 개인과 조직의 성패를 좌우한다. 그 역량은 스스로 생각의 폭과 깊이를 어떻게 확장시키느냐에 따라 성장한다. 이 역량은 부단한 노력과 끈기로 만들어진다.

## 통찰적 눈

이미 와 버린 제4차 산업혁명과 미지의 위협에 두려워 피하지 말라. 창의성을 발휘해야 하는 환경에서 미지의 요소는 수용하고 상황에 적용하려 해야 한다. 잠재 능력은 미지의 영역에 있는 능력이다. 디지털 비즈니스는 빠르게 진화하고 있다. 한 예로, 미지의 통화인 비트코인(bitcoin)의 잠재력이 큰 독특한 기술 발전이다. 비트코인을 구입하거나 채굴하더라도 실제 동전이나 토큰의 형태로 받지 않고 비트코인인 장부에 있는 공간을 받는다. 비트코인의 핵심 기술인 블록체인은 일종의 대형 장부로 모든 거래 내역을 기록한다. 사이버 머니를 넘어 더욱 넓은 영역인 디지털 세상까지 확대되고 있다.

<유년 시절의 아폴론>, 루브르 박물관 소장, 1 century AD

그리스 로마신화에서 나오는 아폴론은 올림포스 12신 가운데 한 명으로 빛과 태양, 이성과 예언, 의술, 궁술, 그리고 시와 음악 등을 관장한다.

업글 : 사색, 인간

아폴로(Apollo)는 붉은 머리카락과 하얀 피부를 지닌 소문난 미인 트로이의 카산드라 공주와 사랑에 빠졌다. 그녀를 유혹하려고 예언(豫言) 능력을 주었다.

지독한 바람둥이였던 제우스는 아내였던 헤라 외에도 여러 명의 여신과 사랑을 나누었다. 제우스는 헤라 몰래 모성의 여신 레토(Leto)를 만나기 위해 변신을 했다.

결국 제우스와 사랑에 빠진 레토는 이란성 쌍둥이를 낳게 되는데, 이 둘이 바로 예언의 신 아폴로와 사냥의 여신 아르테미스이다.

<카산드라: 습작>, 프랑스의 신고전주의 화가 '제롬 마르탱 랑글루아(1779-1838)',
1810년, 캔버스에 유채, 180x193cm, 샹베리 미술관(MIA), 미네소타

아폴로는 아름다운 카산드라에게 미래를 내다볼 수 있는 능력을 선사하며 구애한다. 그러나 나중에 카산드라가 아폴로를 배신한다. 분노

한 아폴로는 카산드라에게 입을 맞추면서 그녀의 설득 능력을 앗아가는 저주를 입속에 불어넣는다. 그날 이후 카산드라는 아무리 진실을 말해도 모든 사람에게 미친 사람 취급을 받게 된다. 카산드라는 트로이가 멸망할 것임을 예견했지만 이 비극을 막을 수 없었다. 그리스 병사들이 거대한 목마 속에 숨어 트로이에 침입할 것이란 그녀의 말에 아무도 귀를 기울이지 않았기 때문이다.

<트로이 목마의 트로이 시가행진>, 도메니코 티에폴로(Giovanni Domenico Tiepolo), 1773년, 유화, 영국 내셔널 갤러리

고대 그리스 시인 호메로스의 <오디세이아>는 <일리아스>와 더불어 그의 대표적인 장편 서사시다. 오디세우스는 10년 동안 트로이 앞바다에서 그리스 군대와 함께 싸웠다. 그러나 트로이를 정복하지 못했다. 마침내 오디세우스가 꾀를 하나 냈는데 나무로 큰 말을 만들어서 그

업글 : 사색, 인간

안에 30명의 전사를 숨기자는 아이디어였다. 그리스 군대는 항복하는 척하고 배를 돌렸다. 트로이 사람들은 전쟁이 끝났다고 믿고 말을 끌고 들어가 잔치를 벌였다. 말 안에 그리스 군인들이 숨어 있으리라고는 꿈에도 생각지 못했던 것이다. 그리스 군대는 잔인하게 트로이 사람들을 죽이고 도시를 파괴했다.

이처럼 미지의 위협은 통찰적 눈으로 봐야 한다. 예상 밖의 승리를 거두는 것은 예리한 통찰력과 위기 상황에서의 신속한 반응능력이다. 멀리 볼 줄 아는 혜안과 대세를 고려하는 능력에 세밀한 능력을 갖춘다면 어떤 일이든 능히 이뤄낼 수 있을 것이다.

# 피 튀기는 초(超)경쟁 변화

## 스마트한 줌(zoom)

스마트한 시대는 개인이든 조직이든 동사형 체질로 바뀌어야 한다. 지금 하고 있는 일의 목적지가 어디이며, 그 목적지에서 도달하기 위해 어떻게 해야 하는지를 뚜렷하게 인식하고, 주도적으로, 실질적으로 행동한다. 지속적으로 성공하는 사람과 조직의 해법은 이기는 습관에 있다. 이는 빠르게 움직이고 창조적 사고를 갖고 쪼개고 분석하여 구조화한다. 그리고 기본에 충실하며 끝까지 물고 늘어지는 집요한 실행력을 갖추는 것이다.

우리는 격변하는 변화의 시대에 살고 있다. 자연의 세계에서 존재하는 다양한 종(種, species)들이 변화하는 방법이 진화이다. 동물들은 진화를 통해서 환경에 존재하는 경쟁에 적절하게 대응하면서 살아남는다. 변화는 우리가 통제할 수 있는 영역 밖에 존재한다. 이는 지속적인

업글 : 사색, 인간

과정이며 경쟁에 대처하는 도구이다. 그래서 스마트한 기업이 하는 가장 중요한 의사결정은 언제 변화할지를 결정하는 것이다. 많은 사람들은 변화를 위협으로 보고 두려워한다. 변화는 위협이 아니며 하나의 기회다. 그것은 가슴 설레는 일이다. 변화는 새로운 기회다.

만일 조직과 기업이 변화를 적절히 활용할 수 없다면 실패로 끝날 수 있다. 새로운 일로 시작한 창업가는 말할 것도 없다. 성공하기 위해서는 반드시 스마트한 변화가 필요하다. 훈련을 통해 변화 가능한 줌(zoom)하는 조직과 기업은 변화를 위협이 아닌 새로운 기회로서 받아들인다. 심지어 불확실한 미래에 직면하더라도 경직되지 않는다. 주밍(zooming)은 근간을 위협하지 않고 개인의 경계를 확대시키는 방법이다. 하는 일을 매일 조금씩 다르게 해보는 것이다.

변화와 싸우는 것이 아닌 변화를 조금씩 수용하는 것이 스마트한 태도이다. 결국 환경보다 빠르게 변화하는 기업만이 지속적으로 창의적 성과를 낼 것이다. 승자는 변화에 능하지만 패자는 변화하지 않는다. 단언하건대 변화하지 않는 개인은 뒤처지고 기업은 사라진다. 망하는 기업을 분석해보면 변화해야 할 때 변하지 않았다. 매일 조금씩 주밍하지 않는다. 앞으로 변화는 과거보다 더 자주 더 크게 발생한다. 이제 변화는 자연스러운 일상이다.

변화는 쉴 새 없이 발생할 것이며 우리가 취할 수 있는 최선의 전략은 받아들이고 진화하는 것이다. 줌(zoom)하는 방법을 배우고 변화에 익숙해져야 한다.

변화는 위협이 아니며 하나의 기회다.
그것은 가슴 설레는 일이다.

앞으로 변화는 과거보다 더 자주 더 크게 발생한다.
이제 변화는 자연스러운 일상이다.

## 빠르게 진화하는 밈(memes) 단위

혁신과 탐험의 월마트가 미국 국내 매출액 1위 시어즈 백화점을 추월할 수 있도록 만들었던 비밀 무기는 바로 진화(evolution, 進化)였다. 의미적 진화란 한마디로 혁신적 변화를 의미한다. 진화는 변화를 다룰 수있는 가장 강력한 전술이다. 시간이 흐를수록 변화는 더 많은 풍파와 시련을 지속적으로 만들어 내기 때문에 생존을 위해 적절히 대응해야 한다.

인류 진화의 과정[1]

　1976년 리처드 도킨스는 <이기적 유전자, 1976>에서 모방이라는 수단을 통하여 동료의 아이디어를 자기 것으로 소화시키는 것을 밈(memes)이라고 했다. 밈은 사회적 진화의 단위로서 아이디어, 믿음, 지식, 규칙, 개념, 노하우, 사상, 건축양식 등으로 볼 수 있다. 한 사회 내에 문화적으로 동질성을 갖는 요소들을 일컫는다. 밈은 유전자와 동일하게 변이, 경쟁, 자연선택, 유전의 과정을 거쳐 수직적으로, 혹은 수평적으로 전달되면서 진화한다. 인류 문화를 진화시켰던 원동력이 바로 밈이다. 밈은 인류 진화의 속도를 가속화시켰다. 그래서 문화를 복제시키는 복제자이다. 밈도 유전자와 마찬가지로 이기적이고 어떤 무엇보다 그 자신의 확산을 원한다.

　밈(memes)은 매우 빠르게 진화하고 있다. 그런데 밈은 모방이라는

---

1) 이미지 출처:https://beehiveresearch.co.uk/wp-content/uploads/2018/05/
　Evolution-L-180-1-e1527674795879.jpg

복제과정을 통해서 이동한다. 밈은 모방을 거쳐 뇌에서 뇌로 개인의 생각과 신념을 전달한다. 밈을 꽃피울 수 있는 최고의 마당은 새로운 도전과 다양한 변화로 가득 차 있는 곳이다. 밈은 점점 더 빠르게 확산되어 우리가 새로운 것이 나타나길 갈망하도록 이끈다.

비즈니스가 실패하는 가장 큰 이유 중의 하나는 시간이 지나치게 오래 걸린다는 것이다. 그 이유는 변화를 갖기 위해 시도한 것이 이루어지기 위해서 너무 많은 사람들에게 너무 많은 승인을 받아야하기 때문이다. 아이에게 배워야 하는 밈도 있다. 첫 번째 시도에 성공하지 못해도 괜찮다. 여러 변화 과정을 통해 진화하고 모방이라는 복제과정을 통해서 변화를 갖는 것이다.

# 붉은 여왕의 효과

제자리에 있고 싶으면
죽어라 뛰어야 한다.

<트로이 목마의 트로이 시가행진>, 도메니코 티에폴로(Giovanni Domenico Tiepolo),
1773년, 유화, 영국 내셔널 갤러리

요즘 모든 분야에서 피 튀기는 초경쟁적 비즈니스에서 Red Queen
(붉은 여왕)이 맹렬하게 달리고 있다. 물론 여기엔 긍정적 피드백 루프가
포함된다.

'붉은 여왕'이라는 말은 루이스 캐럴의 판타지 소설 '이상한 나라의 앨리스'의 속편 <거울 나라의 앨리스>에서 붉은 여왕이 주인공 앨리스에게 말하는 내용에서 비롯되었다.

<거울 나라의 앨리스>는 세계적으로 유명한 동화이다.

붉은 여왕의 달리기를 인용해 경쟁을 통해 진화한다는 붉은 여왕 가설(Red Queen's Hypothesis)을 내놨다. 붉은 여왕과 앨리스가 죽을 힘을 다해 달렸다. 하지만 주위가 하나도 변하지 않은 것을 보고 앨리스는 여왕에게 말한다. "우리나라에서는 이렇게 오랫동안 아주 빨리 달리면 보통 다른 곳에 가 있거든요." 그때 붉은 여왕이 "아주 느린 나라구나, 여기서는 같은 장소에 머물러 있으려면 계속 달려야 해, 어딘가 다른 곳을 가고 싶다면 이것보다 적어도 두 배는 빨리 달려야 하지!"라고 말했다.

이는 비즈니스에서 피 튀기는 초경쟁 사회를 설명할 때 유용하다. 즉 주변 환경이나 경쟁 대상이 매우 빠른 속도로 변화하기 때문에 끊임없이 변화(진화)하지 못하면, 결국 도태되고 만다는 의미이다. 이러한 현상을 시카고대학의 진화학자 밴 베일론(Leigh Van Valen)은 "붉은 여왕의 효과(Red Queen Effect)"라고 불렀다. 붉은 여왕은 앨리스에게 "제자리에 있고 싶으면 죽어라 뛰어야 한다."라고 말한다.

이 이야기를 읽고도 변화에 소극적이고 진화하기를 게으르겠다면,

*업글 : 사색, 인간*

현실 안주를 선택한다면 도태된 사례로 분명히 남게 될 것이다. 그러므로 생물이 생존을 위해 필사적으로 변화하고 진화하듯 개인과 조직도 살아남기 위해 달린다. 뒤처지지 않기 위해 죽을힘을 다해 뛰어라, 죽어라 열심히 뛰며 사는 것이 뭐 문제 있는가?

## 초집중하는 샤렛

최고의 생각, 가장 중요한 변화와 가장 혁신적인 아이디어는 항상 마지막 순간까지 최선을 다할 때 주어지는 것이다. 그래서 건축설계 현장에서 마감을 앞두고 수행되는 마지막 집중 검토를 샤렛(charrette, 격렬한 시기)라고 부른다. 샤렛의 일반적인 아이디어는 다양한 이해 관계자 그룹이 협력하여 "미래에 대한 비전을 창출"할 수 있는 혁신적인 분위기를 조성하는 것이다.

샤렛(Charrette)은 '작은 마차'를 뜻하는 프랑스어 단어이다. 그리고 건축 분야에서의 샤렛이라는 용어는 마감일 이전에 한 사람 또는 한 그룹의 사람들에 의한 강한 작업 기간을 의미할 수 있다. 샤렛 기간은 일반적으로 초집중적이고 지속적인 노력이 필요하다.

앞으로 사회에서 가장 중요한 샤렛은 새로운 방향의 필요성을 재확인하는 것이다. 방향의 필요성을 확인되면 초집중하여 샤렛를 위해 워킹 그룹을 만든다. 그룹 퍼실리테이터(group facilitator) 말이다. 퍼실리테이터(facilitator)란 회의나 교육 등이 원활하게 진행되도록 돕는 역할을 맡은 자를 지칭하는 단어이다.

"제자리에 있고 싶으면

죽어라 뛰어야 한다."

-붉은 여왕의 효과-

人間

# 05

## 생각하는 방식을 확 바꾼
## 코기토(Cōgitō) 경제 사회

엮글: 사색

# 뭘 생각하고 있을까?

<생각하는 사람>, 프랑수아 오귀스트 르네 로댕(1840-1917), 조각 석고상,
1880년, 높이 186cm. 최초에는 <시인>이란 이름이 붙여졌다.

작품 <지옥의 문>의 문 윗부분에서 아래의 군상(群像)을 내려다보고
있는 형상을 하고 있다. 오귀스트 르네 로댕(1840-1917)은 프랑스의 조각
가이며 근대 조각의 시조이다. 그의 유명한 조각인 '지옥의 문'은 로댕
이 1880년에 주문받았으며 평생 작업한 작품이었다.

# 코기토(Cōgitō) 경제 사회

## 지속적 개선 과정

인간의 본성은 무엇을 하지 말라면 더 하고 싶고, 보지 말라면 더 보고 싶은 욕망을 가지고 있다. 이를 '탈(脫)[1] 금기의 심리'라고 말한다.

이 세상은 원래 재밌고 흥미 있는 곳이다. 그래서 호기심이 사람을 설레며 여유롭게 만든다. 각자의 몫만큼 즐겁고 의미있게 살려고 온 것이다. 앞으로 재미의 힘(펀, 놀이)이 필요하다. 펀(fun)은 사람들의 행동을 변화시키고 창의성을 증진시키며 더욱더 행복하게 만들어 주는 중요한 매개체가 된다. 그러므로 놀이(fun)와 테크놀로지(technology)의 만남은 새로운 가치를 창출하는 아이디어의 원천이 된다. 창의적 성과를 만든다. 그런데 인간의 본연이지만 우리는 낯섦에 대해 불편해 한다. 익숙한 것을 더 선호하고 좋아한다. 하지만 인간의 또 다른 본성은 일탈을 즐긴다.

---

1) 벗을 脫(탈)

창의적 아이디어나 새로운 창작은 앞서 성능을 검증하고 개선하기 위해 최종적으로 만족할 때 까지 실험정신을 거친다. 실용, 비교, 차별 등 관찰적 사고를 확장해 가면서 더 나은 아이디어나 제품을 만들어가는 혁신적 개선 과정을 거친다. 그래서 촉각적 사고는 '왜(Why)'라는 질문을 갖고 지속적 개선 과정을 통해 성장과 위대한 결과를 만들어 낸다.

창의적 아이디어를 잘 내는 연령대가 있을까?

노벨상 수상자의 평균 나이가 55-60세라고 한다. 창의성은 개인보다 집단적 사고와 토론에서 더 많은 가치를 창출해 낸다. 그래서 위대한 창의적 아이디어는 전문성을 가지고 조직이 끊임없이 토론하고 탐구할 때와 낯선 영역에서 더 많이 탄생한다.


프랑스 철학자 르네 데카르트(1596-1650)의 '나는 생각한다. 고로 존재한다(Cōgitō ergo sum).' 이 유명한 말에서 '생각하다'는 라틴어 동사 '코기토(Cōgitō)'는 '함께 섞는다'라는 어원을 지니고 있다. 즉 생각은 무언가 존재하는 것에 대한 반응이다. '대상'에 느낌이 더해져 생각이 완성된다.

창의력도 그렇다. 창의력을 한 줄로 요약하면 '아이디어는 기존 요소의 결합'이라는 문장이 된다. 무언가가 내 안에서 섞이어 섬광과 같은 아이디어로 나타나는 것이다. 그중에 전혀 어울리지 않는 조합일 수 있다.

# 감성 경제의 힘

이제 감성 경제의 실천은 힘이다.

스티븐 P. 로빈슨 교수는 저서 <조직 행동론>을 통해 감성은 사람의 자연스러운 일부여서 직장에서도 감정을 분리시키기가 불가능하다고 얘기했다.

철학자 공자(孔子)의 <논어>을 보면 제자 자공이 공자에게 '나라를 다스리는 법이 무엇이냐?'고 묻는다. 이 질문에 공자는 '경제와 군사와 신뢰'라고 답한다. 다시 자공이 '그 중에 무엇부터 버려야 하냐?'고 묻자 '제일 먼저, 군사, 다음에 경제'라고 답한 후 마지막으로 '신뢰가 없이는 서 있을 수조차 없다'라고 하였다.

결국 개인이든 조직이든 국가든 신뢰를 얻지 못하면 성장도 할 수 없다. 하지만 신뢰를 바탕을 둔 감성 경제는 탄탄대로 확장 될 것이다.

바야흐로 창의적 IT기술이 지배하는 세상이지만 오히려 단단한 인문학적 내공(윤리)을 요구한다. 앞으로 인문학적 감각은 쓸모없는 공부가 아니라 제4차 산업분야로 진출하는 가장 핫한 도구가 된다. 단지 성공과 실패는 좀 더 큰 그림을 볼 수 있느냐의 여부에 달려 있다. 결국에는, 인문학적 감각을 가진 사람들의 능력을 더 필요로 할 것이다.

지금 각 분야에서는 빠르게 파괴적인 변화가 진행되고 있다. 이미지로 말하는 세상에서 SNS를 활용한 마케팅은 필수가 되었다. 즉 시각적인 콘텐츠로 소통한다. 한 예로 인스타그램(이미지 소통)은 세계 사용자가 12억 명을 넘는다. 참고로 세계 소셜네트워크서비스(SNS) 이용자는 현재(2019년) 기준으로 30억 명에 이른다. 이처럼 SNS는 새로운 긱(geek) 경제를 만들었다.


아침 일찍 노트북을 들고 스타벅스로 출근하는 흔한 일상을 쉽게 볼 수 있다. 사람들은 긱(geek) 경제하기 좋은 카페나 도서관을 찾아 일을 한다. 심지어 길 위의 벤치나 맥주 집에서 일하는 사람도 많다. 즉 시간과 장소에 얽매이지 않고 돌아다니면서 일을 한다. 이들은 낮에 헬스장에 다녀오고, 점심시간에 친구나 귀인을 만나고, 휴가도 자유롭게 다녀온다. 종래의 직업과 사뭇 달라졌다. 긱(geek) 경제를 통해 자유를 얻고 창의적 도전을 자극하는 일을 한다.


툭 까놓고 말해서 사람이 먼저고 일은 그 다음이다. 그래서 일은 놀이고 취미가 되어야 한다. 대부분의 사람들은 지금 자기가 하는 일보다 더 나은 직업을 꿈꾼다. 메인 풀타임 직업을 싫어한다. 자녀 양육과 자기계발의 기회마저 앗아가기 일쑤다.

미래의 노동은 일과 생활의 균형을 중요하게 생각한다. 요즘 소비자는 먼저 SNS 시장에서 체크해보고 사듯 인재를 골라서 뽑는 시대다. 사우스웨스트 항공사의 경우를 보면 인재를 뽑을 때 감성 역량을 최우선적으로 고려한다. <EQ감성지능>의 저자 대니얼 골먼은 말하기를 "미래는 지능이 뛰어난 사람이 좋은 성과를 낸다는 생각은 버려야 한다"고 주장했다.

이처럼 앞으로 큰일을 낼 사람은 긱(geek)한 사람이다. 감성적 센스가 경제가 된다.

변화된 산업시장에서 제4차 산업혁명은 위협 또는 기회 중 어느 쪽이 될 것인가? 확실한 것은, 개인이든 조직이든 혁신적으로 바꿔나가는 것만이 시장에서 살아남을 거라는 사실이다. 그래서 가장 중요한 것은 지금 당장 파괴적 변화를 가져야 한다. 감성적으로 변해야 창의적 성과를 낸다. 기존의 낡은 패턴 박스에서 밖으로 빠져나와야 한다. 세상이 끊임없이 변하고 있는 지금, 당장 변화하여 준비한 사람들에게는 좋은 기회이다. 제4차 산업혁명은 스마트한 사람을 그 무엇으로도 대체할 수 없기 때문이다. 결국 똑똑한 인재만이 살아남을 수 있다.

# 뉴턴의 독창적 비밀

광학(光學, optics)이란 빛의 특성을 연구하는 학문이다. 뉴턴의 광학 연구 <광학> 책. 20세에 시작한 광학 연구가 60세가 되어서야 그 결실을 맺게 된다. 아이작 뉴턴(Isaac Newton, 1642-1727)은 영국 물리학자이자 천문학자, 수학자로서 인류 역사상 가장 영향력 있는 사람 가운데 한 명으로 꼽힌다.

지금까지 천재적인 과학자로 평가받고 있는 뉴턴이 가진 창조성의 근원은 무엇일까? 뉴턴은 이렇게 말했다. "내가 멀리 볼 수 있었다면, 그것은 거인들의 어깨위에 있었기 때문이다." 즉 뉴턴 자신이 거인들의 어깨 위에 올라가 있었기에 창조적 발견이 가능했다는 말이다. 바로 기존 지식에 대한 철저한 이해가 있었기에 가능했다는 의미이다.

뉴턴은 자신 이전에 공을 세운 거인들(선배 연구자)의 연구를 인정하였다.

뉴턴의 창조적 근원은 한 문제에 대한 끈질긴 연구와 노력 덕분이었다. 뉴턴의 창의성은 타고난 천재성이 아니라 떠오른 아이디어나 영감을 곧바로 적었다. 그리고는 집중력과 끈기, 노력을 몸소 실천하였기에 영감을 얻게 되었던 것이다. 지식에 대한 흡수력과 지칠 줄 모르는 열정 그리고 읽고 쓰고 연속의 과정에서 만들어낸 결과물이다.

뉴턴이 정원 사과나무에서 사과가 떨어지는 것을 보고 <만유인력>을 발표하기까지 20년 이상의 긴 세월이 걸렸다.

이처럼 우리도 독창성을 발휘하려면 의문을 둘 여지를 항상 남겨 두어야 한다. 그리고 그곳에 나름 적고 그리고 메모해둔다. 사색하여 기록하는 것은 창의적 기적을 만든다.


## 기적을 만드는 창의적 노트

뉴턴은 머릿속에 섬광처럼 반짝이는 것들을 노트에 기록했다. 그는 방대한 분량의 연구 노트를 남긴 것으로 유명하다. 뉴턴의 노트에는 그가 언제 어떤 책을 읽고 무엇을 눈여겨보았는지, 어떤 생각을 했는지 등이 소상히 드러나 있다. 심지어는 어머니의 계약서 내용까지 남아있었다.

뉴턴은 어려서부터 아주 사소한 것까지 정리하는 습관을 지니고 있었다. 또한 그렇게 정리한 노트들을 버리지 않고 모아두는 습관이 있었다. 그리고 책을 이해할 때까지 읽고 또 읽었다. 그런가하면 데카르트,

후크, 핼리 같은 인물들도 책을 심취해 읽고 적고 거듭 읽었다.

창의성(Creativity)이란 새로운 아이디어를 생각해 내는 것뿐 아니라 쓸모없는 것을 없애는 것도 포함된다. 그래서 오래도록 익숙해진 것을 없애기는 더 힘들다. 애플의 창업주 스티브 잡스는 "창의성이란 서로 다른 것들을 연결하는 것"이라고 말했다. 심리학자 로버트 스턴버그(Robert Sternberg)는 "창의성이란 남이 보지 못하는 가치를 보는 것이다"라고 하였다. 컴퓨터공학자 앨런 케이는 "미래를 예측하는 가장 좋은 방법은 미래를 창조하는 것이다"라고 말했다. 그러므로 창의성은 능동적 생각하고 적는 과정이다. 그래서 창의적인 일을 하려면 자신이 모르는 길도 걸어야 한다. 인간은 창의적인 일을 해 낼 잠재적 능력을 가지고 있기 때문이다.

경영학 용어 중에 '매몰 비용(sunk cost)'라는 말이 있다. 말 그대로 이미 매몰되어 다시 회수할 수 없는 비용이다. 그런데 조직의 리더가 이 매몰비용을 아까워 하다가 미래의 기회마저 놓치곤 한다. 경쟁적인 시장에서 완벽한 것은 없다. 그러므로 "perfect" 대신에 "good"을 추구한다면 보다 빠르게 진화하여 혁신적 변화를 가질 수 있다.

세계사 속 프로이센 왕국 시대를 보고자 한다.

# 감자 대왕 프리드리히 2세

동부 폼메른의 한 농촌에서 감자 수확을 조사하는 프리드리히 2세, 1886년

강국 프로이센 왕국(1525-1947)시대 프리드리히 2세(1740-1786) 국왕은 대표적인 계몽군주였다. 봉사라는 의지를 실현하여 프로이센의 국력을 크게 신장시켰다.

감자가 유럽에 보급되었을 때 감자는 가축 사료로 쓰였을 뿐 누구도 먹지 않았다. 감자는 악마의 음식이라는 잘 못된 생각을 갖고 있었다. 그러나 프리드리히 2세의 생각은 달랐다. 빵이 없어 굶주릴 때 감자는 이를 구원할 수 있는 훌륭한 작물이라고 여겼던 것이다. 감자를 재배하고 직접 먹어도 사람들은 감자를 먹으려 하지 않았다. 이래 사람들은 개도 안 먹는 감자라고 비웃었다. 그러나 프리드리히 대왕은 감자는 귀족이 먹는 것으로 공포하고 매일 식사에서 먹었다. 비로소 감자를 먹기 시작한 사람들은 마침내 기아에서 해방되었다. 독일인들은 그에게 자발적으로 대왕의 칭호를 바치고 '감자 대왕'이라 불렀다.

이처럼 조직의 리더가 과감하게 프리드리히 대왕과 같은 결정을 하지 못하면 그 조직의 매몰 비용은 무한정 늘어날 수밖에 없다.


## 빠른 변화 속도

아무리 강국일지라도 변화를 꾀하지 않으면 무너지게 된다. 재빠르게 고치고 버리기에 능해야 지키며 성공할 수 있다. 칭기스칸(1162-1227)이 이끌었던 몽골기병의 전략은 전쟁터에서 운신의 가벼움으로 유라시아 전역을 정복할 수 있었기에 가능했다.

경제의 위기는 멀리 있는 변수가 아니라 상시 존재하거나 언제든 찾아올 수 있다. 그때마다 빠른 변화의 태도를 취해야 한다. 지금, 저성장 구조의 늪에서 빠져나올 유일한 해법은 빠르게 변화하여 정확하게 판단하고 실행할 수 있는 혁신적 정신으로 무장되어야 한다. 오래된 것에 매여 있거나 낡은 사고관념으로 묶여 있어서는 안 된다.

지금의 변화 속도를 감안하여 새로운 통찰력을 얻으려면, 현실 뒤에 숨겨진 어둠 속에서 서둘러 혜안을 길어 올려야 한다. 수명이 다한 가치관과 정책 그리고 게으른 생각과 실행방식 조차도 과감히 바꾸어야 한다. 따라서 위기를 극복하기 위한 가장 좋은 전략은 내면에 잠자고 있는 역량을 깨워 창의적 힘으로 발휘해야 한다.

창의적이었던 이순신 장군이 백의종군으로 참전한 명량해전(1597년)에 앞서 두려움에 떠는 백성과 부하들에게 "필사즉생(必死卽生) 필생즉사(必生卽死), 즉 죽기를 각오하면 살고, 반드시 살려고 하면 죽는다"라고 외친다. 결연한 병사들을 정신적으로 무장시켜 12척의 배로 133척의 적선을 궤멸시키는 전과를 올렸다. 상황을 초월한 정신력이 승리한 싸움이었다.

삼성그룹 이건희 회장은 인재 채용 시 끼가 있고 창의적인 자질을 가진 사람을 선호했다. 그는 창의성과 자율성을 가장 중시하고 성과를 강조하였다. 그래서 성과가 좋은 인재에게는 파격적인 대우를 제공했다.

상상력과 호기심이 많았던 그는 많은 시간을 혼자서 보냈다고 한다. 영화감상이 유일한 취미였고 영화를 무려 1,300편 이상을 감상했다고 한다. 그 밖의 시간에는 주로 책을 읽거나 오랜 시간 혼자 생각에 잠기곤 했다. 월 20여 권의 책을 읽었다. 그래서 그의 취미 역시 다양하다. 레슬링, 승마, 골프, 탁구, 스키 등 물론 음악, 영화, 자동차 수집, 개 기르기, 고서 수집, 기계 분해 등에 이르기까지 매우 다채롭고 그만큼 다재다능하기도 했다. 그는 감성 경영과 고객 니즈(Needs)에 적극 대응하는 경영을 실천에 옮겼다.

## 더 창의적 스토리 인재

유대인의 탈무드가 위대한 것은 지금 배운 것을 실생활에 적용하기 때문이다. 그래서 공부한 것을 실천에 옮기려는 의지가 없는 사람에게 랍비들은 아예 공부를 하지 않는 게 더 낫다고 말한다.

앞으로는 더 창의적 스토리 인재에 의해 성패가 좌우된다. 이미 창의적인 조직화 사회가 그렇게 실천하고 있다. 한 개인의 나열식의 스펙만을 보고 인재를 뽑지 않는다. 그 사람 안에 내재된 개성이나 능력, 감성, 상상력을 매우 중요시한다. 특히 인성도 중요하게 본다.

다음 아래에서 신입사원 면접의 예라고 가정하고 어느 것이 더 창의적 경쟁력을 갖춘 지원자라고 보는가?

홍 길동A 지원자 :

"저는 한국대학교에서 건축학과를 졸업하고 동대학원에서 토목을 전공한 후 귀사가 좋아서 큰 포부와 희망을 가지고 지원하게 된 홍길동A이라고 합니다."

홍 길동B 지원자 :

"저는 몇 년 전 미국의 아프가니스탄과 이라크를 공격하는 모습을 손에 땀을 쥐고 본 적이 있습니다. 그때 많은 건물과 집들이 파괴되고 부셔지는 것을 보고 건축과에서 배운 집과 건물을 중동에다 짓겠다는 사명이 생기었고, 마침 귀사가 그런 일과 연관된 일을 하고 있다는 걸 알았습니다. 그래서 저는 귀사에 제 인생의 젊음과 열정을 불태우고 싶어서 지원하게 되었습니다."

당신이 면접관이라면 이들 중 어떤 사람을 채용하겠는가?

분명 인재 선호 유형이 화려한 스펙에서 창의적 스토리(역량)로 변화되었고 스마트한 실력으로 바뀌었다는 것을 알기에, 자신만의 개성과 경험, 창의성, 상상력 등을 담고 있는 사람을 더 선호한다.

人間

# 06

## 부(富)를 만드는
## 창의적 광(狂)

엮글: 사색

# 긱(geek) 화학 혁명가

루이 다비드, 〈라부아지에 부부의 초상〉, 1788년, 캔버스에 유채, 259.7x196cm,
미국 뉴욕 메트로폴리탄 미술관[1]

프랑스 혁명의 시기에 많은 사람들은 옛 것을 타파하는 개혁을 꿈꿨다. 라부아지에 부부는 함께 화학실험을 수행하면서, 옛 플로기스톤 이론 대신 새로운 화학의 체계를 세웠다.

신고전주의 프랑스 화가 자크 루이 다비드(1748-1825)가 라우아지에 부부를 그린 〈라부아지에 부부의 초상〉은 한 시대를 대표하는 대예술가가 위대한 과학자를 그린 거의 유일한 그림이다.

이 그림은 세 개의 벽기둥이 보이는 라부아지에의 연구실을 배경으로 하고 있다. 라부아지에 부부는 정면을 마주보고 있으며 두 사람의 복장은 흰색 가발, 레이스 깃이 달린 흰 드레스, 푸른색 천 벨트 등으로 18세기 말에 유행했던 것들이다. 아내는 오른손을 테이블에 올린 채로 남편의 어깨에 기대어 있다. 남편의 얼굴은 아내를 향하고 있고 왼팔을 테이블에 기대고 있다. 그의 오른 손은 깃털 펜을 들고 있다.


근대화학의 아버지 라부아지에(1743-1794)가 1794년 5월 8일에 징세청부업자로 활동하였기에 프랑스 혁명 기간에 단두대에서 목숨을 거두었다. 라부아지에는 징세수입으로 당시 약 220억 원에 해당하는 말도 안 되는 거액을 벌었다. 원래 거둬야 할 세금의 3배나 거둬들였다.

그런데 그는 인류 역사상 가장 위대한 화학자이다. 수학자 라그랑주는 이 사건에 대해 "그의 머리를 잘라버리는 일은 한순간이지만, 그와 같은 머리를 만들려면 100년은 더 걸릴 것이다"라고 말했다.

라부아지에는 법률 공부를 해서 20살에 변호사 자격증을 취득하였다. 아버지는 아들에게 훌륭한 법률가가 되려면 인문학과 자연과학도 알아야 한다며 수학과 천문학, 화학, 식물학을 배우게 하였다. 라부아지에는 뛰어난 화학자였을 뿐 아니라 금융과 행정에도 능통하였다. 그러한 결과로 라부아지에는 자연과학에 더 큰 흥미를 느껴 1766년 가로등을 발명하여 한림원 금메달을 받았다. 그는 평생 아침 6시부터 9시까지 세 시간, 밤 7시부터 10시까지 세 시간 합해서 매일 여섯 시간씩 실험했다.

듀퐁(1739-1817)은 라부아지에의 절친한 친구였는데, 그의 사후에 미국으로 이주하여 라부아지에의 화약 기술을 이용하여 '듀퐁 드 느무르'라는 화약 공장을 세웠다. 그것이 오늘날 세계 최고의 화학 기업인 듀폰(DuPont)이다.


## 듀폰(DuPont)의 200년 장수 비결?

미국 경제전문지 포춘이 1955년부터 선정해온 '포춘 500'에서 듀폰은 단 한 번도 탈락하지 않았다. 포춘 500중 단연 최장수 기업이자, 역사가 200년이 넘은 유일한 기업이다. 그 장수 비결은 '변해온 것'과 '변하지 않은 것'을 두루 갖추었다. 듀폰은 시대와 시장의 상황에 따라, 철저하게 자신을 변신시켜왔다. 바꾸는 정도가 아니라 때로는 수족(手足)을 잘라내는 수준의 변화를 가졌다.

라부아지에의 업적은 화학 발전에 큰 영향을 미쳤기 때문에 동시대의 프랑스 혁명에 견주어 '화학 혁명'이라고도 부른다. 라부아지에를 '근대화학의 아버지'라고 부르는 데 대하여 그의 아내 마리는 '근대화학의 어머니'라고 부른다. 결혼 후 마리는 남편에게 화학과 수학을 배웠다.

## 새로운 직업 혁명

미래 사회를 공상과학 소설의 한 장면으로 생각했지만 이제는 현실이다.

현재 우리는 제4차 산업혁명이 도래한지 얼마 되지 않았는데, 더 많은 변화와 혁신을 다시 요구하는 제5차 산업혁명기에 서 있다. 경제는 불황 속인데 새로운 기술들은 기하급수적으로 늘어나고 있다. 결국 이 시대의 흐름에 적응하기 위해 생존 패러다임을 바꾸어야 한다.

그래서 현존하는 최고의 경영학자 중 한 사람인 톰 피터스(Tom Peters)는 "전통을 버리고 모험을 감행하려는 사람들에게 이처럼 충분한 기회를 제공하는 시대는 일찍이 없었다"고 했다.

분명 이 책은 제4차 산업혁명을 맞이하여 코로나19 이후, 당신의 직업과 삶을 조율해 나갈 수 있도록 힘이 되어 줄 것이다. 그리고 새로운 트렌드를 읽고 예측할 수 없는 노동시장을 꿰뚫어 준비한다면 큰 성과도 얻게 될 것이다. 이 책이 전략적으로 잘 준비할 수 있도록 지침을 제공한다.

# 창의적 광(狂)

도산 안창호 독립운동가의 글귀를 전하며 나의 마음에도 새기려고 한다.

흔히 사람들은
기회를 기다리고 있지만
기회는 기다리는 사람에게
잡히지 않는 법이다.

우리는 기회를
기다리는 사람이 되기 전에
기회를 얻을 수 있는
실력을 갖춰야 한다.

## 학습된 무기력

　인간의 뇌는 게으르다. 늘 편안한 것을 추구한다. 눈에 익은 환경과 일을 더 선호한다. 그래서 끊임없이 뇌를 협박해야 한다. 학습된 무기력에 주저앉지 못하도록 말이다.

　어릴 적 시골에서 자란 나는 쐐기 벌레를 가지고 놀곤 하였다. 프랑스 곤충 연구학자 파브르(1823-1915)에 따르면 쐐기 벌레는 맨 앞에서 기어가는 리더가 실 같은 자국을 남기면 다른 곤충들이 그 뒤를 본능적으로 따라간다는 특징이 있다. 그런데 호기심이 발동한 한 곤충 학자가 쐐기 벌레 리더가 원형으로 이끌도록 하였다. 몇 칠이 지나도 자국을 따라 뱅뱅 도는 것이다. 결국 대다수가 지쳐 죽고 남은 한두 마리만 대형을 깨고 먹이 쪽으로 움직였다. 만약 이 곤충들 중 한 마리가 원형 틀에서 벗어나 빠져나왔다면 대다수가 죽는 참사는 발생하지 않았을 것이다. 한마디로 그 대형에서 이탈하려는 긱(geek) 쐐기 벌레가 없었다.

　말뚝에 묶인 코끼리 이야기는 다 알고 있을 것이다.
　새끼 때부터 말뚝에 매어져 훈련 받았던 코끼리는 말뚝을 벗어나려고 시도할 때마다 조련사에게 체벌을 받았다. 그리고는 더 큰 말뚝에 묶이게 되었다. 이것이 반복되면서 성인이 된 코끼리는 "이 말뚝은 탈출할 수 없는 것."이라는 학습된 무기력을 갖게 된 것이다. 사고가 완전히 굳어졌다. 이미 큰 말뚝을 쑥 뽑아버릴 힘을 가지고 있는데도 여전히 말뚝을 벗어나지 못한다. 이를 미국의 긍정 심리학의 교수 마틴 셀리그만은 이 코끼리의 현상을 학습된 무기력이라고 말했다.

우리는 학습된 무기력에서 벗어나 자신의 잠재적 능력을 마음껏 발휘해야 한다. 늘 길들어진 사고의 원형 틀에서 벗어나는 긱(geek)이 필요하다. 매일 똑같은 하루의 생활을 하더라도 생각만큼은 혁신해야 한다.

## 무엇에 광(狂)?

'미쳤나봐!' '광(狂)'이라는 노래 제목도 있듯이 앞으로 살아남아 성과를 내려면 창의적 광(狂)이 되어야 한다. 당신은 언제 무엇에 광(狂)이 되어보았는가? 지금 하는 일에 광(狂)인가?

미칠 '광(狂)'을 영어로는 'mania'이다. 열광적으로 정신을 쏟는 사람이라는 뜻이다. '미치지(狂) 않고는 그 무엇도 성과를 낼 수 없다'는 사자성어 '불광불급(不狂不及)'은 한마디로 '미쳐야 성공한다'는 의미이다. 그래서 자신이 선택한 일에 미쳐본 사람들은 거의 성장하거나 성공했다. 계속하여 승승장구한 사람들은 모두 미쳐봤기에 가능한 것이다. 미친 사람들에 의해 창조된다.

다시 묻겠다. 당신은 선택한 것에 광(狂)하고 있는가?

업글 : 사색, 인간

나는 책과 강연에 미쳐있다. 30년 전에는 컴퓨터에 미쳤고 스피치에 미쳤다. 10년 전엔 철학과 인문학에 미쳐봤다. 요즘은 사색 인간에 미쳐 있다. 앞으로 여러 개에 더 미쳐볼 생각이다. 성공하려면 이것만은, 자신이 하는 일에 미쳐야(狂)한다. 각 분야에서 크게 성공한 사람들은 모두 창의적 광(狂)들이었다.

가정이 어려워 초등학교를 중퇴하고 자전거 점포 점원으로 시작한 마쓰시다 고노스케. 그는 세계적 기업 마쓰시다 전기와 파나소닉을 창업하였다. 그를 사람들은 경영의 신이라 부른다. 그가 말하는 철학은 "시련은 선물이고, 위기는 기회였다. 항상 거꾸로 생각해보는 것, 모든 일에 감사하는 것이 오늘을 온전히 행복하게 살아가는 지혜였다."

일본이 패전 후 처음 미국을 방문한 마쓰시다 사장은 디자인이라는 신경영에 큰 충격을 받았다고 한다. 백화점을 방문한 그는 점원에게 물었다. "성능이 똑같은 라디오인데, 왜 가격이 다릅니까?"

점원의 대답은 "디자인의 차이"라고 말했다. 이때 마쓰시다 사장은 큰 깨달음을 갖게 된다. "상품은 기능이 아니라 디자인이다." 당시 새로운 트렌드를 발견하게 된다.

110년 역사의 세계 1위 특송업체 UPS(United Parcel Service)를 창업한 제임스 케이시는 자전거 한 대로 새로운 것을 꿈꾸고 도전한다. 현재는 세계 최대 물류기업인 UPS가 되어 있다. 수백 대의 자체 비행기를 가지고 있으며 물류 기업 가치 세계 1위 기업이다. 창업주 제임스 케이시의 좌우명이다.

"우리 지평선은 마음의 눈으로 보기 원하는 만큼의 거리에 있습니다."

그렇다면 UPS가 오랜 세월 세계 1위 자리를 지킬 수 있었던 가장 중요한 비결은 무엇이었을까? 바로 시대 변화를 빠르게 읽어내고 그에 따라 비즈니스의 중심을 이동했기 때문이다. 그런가하면 IBM 창업자인 토머스 왓슨 시니어는 주급 6달러를 받는 정육점 보조원으로 일을 시작했다. 하지만 자신의 확고한 꿈을 잃지 않았다. 그리고 100년이 넘는 기업이 되었다. 이들 모두 자신이 선택한 일에 미쳤다.

세계 1위 특송업체 UPS(United Parcel Service) <사진 출처 : UPS 홈피>

　　　　　　　　　　　　　　　　　업글 : 사색, 인간

UPS가 지난 2월 미국 플로리다주 탬파에서 배달용 하이브리드 트럭에서 드론을 띄워 물품을 가정에 배달하는 실험을 하고 있다. 배달에 성공한 드론은 정해진 경로를 따라 이동 중인 트럭으로 무사히 귀환했다.

# 괴짜론

　기존에 지배하고 있는 통념들을 그대로 받아들이기보다 미래 사회에 맞춰 변화를 가져야 한다. 지금 우리 사회는 창의적이고 열정적이며 미래 산업의 괴짜가 필요하다. 이를테면 '뜨거운 열정' '시들지 않는 상상력' '타인 시선에 관심을 갖지 않음'. 이는 성공한 괴짜들(geeks)에게서 발견한 공통점이었다.

　세계 최고의 경영학자 중 한 사람인 톰 피터스(Tom Peters)는 스스로를 "괴짜"라고 부른다. 이유는 괴짜가 되지 않고는 진정한 혁신과 창의성을 이루어내기 어렵기 때문이라고 봤다. 그는 미래에 필요한 인재는 한마디로 "괴팍한 생각을 갖고 실천에 옮기는 괴짜다"라고 말했다.

　미국의 한 피자 전문점에서 배달원으로 일하던 톰 모나한(Tom Monaghan)은 괴짜의 정신으로 창업하였다. 현재에 안주하지 않고 빠른 변화를 가졌다. 그 기업이 바로 괴짜로 잘 어울리는 도미노 피자이다. 또 월마트의 설립자 샘 월튼도 실패를 두려워하거나 타인의 시선을 의식하지 않았다.

"실패를 빨리할수록 성공이 빨리 찾아온다."

이제 개인이든 기업이든 창조적인 성공을 기대하고자 한다면 미래를 읽고 창의적으로 대비해야 한다. 혁신을 넘어 혁명적이어야 한다.

요즘 기업들이 직원을 채용할 때 전공분야의 실력과 인문 소양을 중시한다. 인문 소양을 중시하는 것은 구성원들과 원만한 관계가 중요하기 때문이다. 그리고 직원 개개인이 발휘하는 창의력이 절대적으로 성장에 크게 기여한다. 프랑스의 미생물학자 파스퇴르는 "기회는 준비된 사람에게만 찾아온다"라고 했다. 앞서 준비된 자에게만 새로운 기회는 오는 법이다. 미래는 준비한 자의 것이다.

나는 그들을 괴짜들(geeks)이라고 말한다.

## 두 명의 괴짜

두 명의 괴짜를 소개하려고 한다. 세계의 청년들이 들어가고 싶은 기업 1위 구글의 공동창업주인 래리 페이지(Larry Page, 1973)와 세르게이 브린(Sergey Brin, 1973)이다. 이들의 이름에는 모험적 도전정신이 깊게 담겨있다. 나의 책장에는 구글 관련 책들이 많은 편이다. 1998년에 페이지와 브린이 구글을 창립했을 때, 두 사람은 공식적으로 사업에 대한 훈련을 받거나 비즈니스를 경험해본 적이 없는 풋내기였다. 그런데 이

것은 이 둘에게 약점이 아니라 강점이 되었다. 해보지 않은 것, 새로운 것 그리고 남이 가지 않은 길로 들어섰다. 대학의 기숙사에서 시작하여 차고지에서, 다시 작은 사무실에서 토대를 만들었다. 이들처럼 창의적 용기와 사용자에 초점을 맞춘다면 성공의 기회는 반드시 오게 되어있다. 사람들은 이들을 괴짜(geeks)라 불렀다.

개인이든 조직이든 기업들도 전문성과 창의력을 가진 괴짜들을 채용해야 한다. 더 많이 양육하고 도전할 기회를 마련해 준다. 참신한 괴짜들이 일을 낼 것이다. 그 괴짜들에게 기회와 부(富)가 따를 것이다.

그런데 내가 먼저 괴짜가 되어야 한다.

창의적 스토리는 내 삶에서 달구어지고 단련되어 생성된다. 오래 기억에 남게 해주고 감동을 준다. <1250℃, 최고의 나를 만나라>(김범진 저, 중앙북스)라는 책에 보면, 도공이 도자기를 만들 때 훌륭한 도자기가 아닌 평범한 질그릇은 가마의 온도가 일반적으로 800℃ 내외라고 한다. 하지만 최고의 고가를 자랑하는 고려청자, 조선백자 같은 작품을 만들 때는 최적의 1250℃라는 것이다. 그렇게 뜨거워지면 흙의 밀도는 놀라울 만큼 강하고 단단해진다. 마침내 유리 같은 빛깔을 내고 유리처럼 매끈매끈한 청자나 백자가 탄생한다.

우리의 삶도, 준비할 그릇도 800℃의 평범한 삶에서 나온 볼품없는 질그릇이 아니라 1250℃의 뜨겁고 힘겨운 환경을 잘 참고 견디어 값비

싼 도자기처럼 최고의 인생이 될 수 있다. 그런 질그릇을 만들어야 한다.

## 뜨거운 열정

'에디슨(1,093), 프로이트(650), 바흐(1,080), 피카소(2,000), 모차르트(600), 렘브란트(2,000), 아인슈타인(248), 셰익스피어(154)' 등.

보다시피 세계 최고의 명성을 누리던 창의적 인재들의 이름이다. 이들을 모르는 사람은 거의 없을 것이다. 그런데 이름 뒤에 붙은 숫자의 의미는 무엇일까?

그들이 해당 분야에서 남긴 업적들이다. 그런데 그들의 명성과 업적들만을 기억한다. 그 뒤에 수많은 도전과 실패가 있었음을 기억하지 못한다. 사실 실패를 두려워하지 않고 자신이 하고 있는 일에 대한 불타는 열정이 있었기에 가능했다.

바로 끊임없는 도전과 실패를 지속하게 해준 열정 덕분이었다. 혹시 이 말을 누가 했는지 알고 있는가? "천재는 1%의 영감과 99%의 노력에 의해 탄생된다." 미국의 발명가 토머스 에디슨이다. 조직의 창의적이고 열정적인 인재 한 명이 전체를 먹여 살리는 시대가 된 것이다. 경영 혁신의 대가 톰 피터스는 "기업을 움직이는 것은 사람이고 기업의 생명력은 개인의 열정으로부터 파생된 창조성과 상상력이다"라고 했다.

월마트의 창시자 샘 월튼은 이렇게 말했다.

"성공을 향해 뛰는 사람들은 많다. 그러나 그들 중 상당수가 성공의 사다리에 오르지 못한다. 왜냐하면 그들은 성공으로 향하는 열차를 움직이게 할 충분한 열정이 없고, 단지 성공에 대한 욕심만 있을 뿐이기 때문이다."

열정을 만들어내는 요소 중 명확한 비전과 목표는 중요하다. 열정은 성공으로 연결시키는 가장 중요한 원천이 된다. 그리고 주인의식이 열정을 불러일으킨다.

# 창의적 콘텐츠

　의미를 가진 창의적 스토리는 오히려 전화위복으로 바꾸어준다. 결국 스토리가 단순 팩트를 능히 이긴다. 그런가하면 미래 사회는 치열하게 지적 호기심을 갖추어야 한다. 지적 경쟁력을 갖춘 사람과 그렇지 않은 사람의 격차는 초격차로 벌어지게 된다. 결국 지적 호기심이 센 사람이 이긴다.

Asia Ed. 2018년 10월 22일 (타임 아시아판 : BTS 방탄소년단 커버)

센스가 넘치는 BTS(방탄소년단)가 모범적이며 창의적 콘텐츠이다. 미래의 트렌드와 감성을 읽는 힘 말이다. 미래 사회는 더욱 창의적 콘텐츠에 집중해야 한다. 희망은 흉내 내고 모방하는 것이 아니라, 자기 스스로 창의적 다름을 만들어내는 것이다. 그래서 미래는 BTS적 콘텐츠가 강력한 힘이다.

요즘 청년들과 직장인들을 보면 위기감이 고조된다. 감성 센스의 날을 세워야 할 사람들인데 책도 읽지 않고 창작 글쓰기도 하지 않는다. 그렇다고 설득의 날을 갈고 있는 것도 아니다. 조직과 기업도 책 읽기, 인문학 학습을 별로 좋아하지 않는다. 그런데 미국 애플사는 TV드라마, 영화 같은 콘텐츠 제작에 직접 뛰어들었다. 이러다가 애플, 구글, 아마존, 넷플릭스에게 방송, 영화, 게임 시장도 빼앗기게 되는 것은 아닐까 걱정된다.

세계적인 기업 애플과 구글이 찾는 인재는 어떤 사람들일까?

일찍이 직원 채용 공고를 살펴봤다. 바로 창의적 글을 쓰는 사람이었다. 미래의 핵심 산업은 창의적 콘텐츠이기 때문이다. 해리포터 기업가치가 무려 16조원이라고 하지 않는가? 작품 하나의 경제적 가치가 대기업 가치보다 훨씬 크다. 한 예로, 2019년 4월에 개봉한 영화 '어벤져스: 엔드게임' 콘텐츠로 전 세계에서 엄청난 수입을 올렸다. 심지어 중국 내 외국 영화 중 역대 최대 수입을 냈다. 창의적 콘텐츠는 거대한 힘이다.

미래 사회는 창의적 사고와 리마커블한 상상력, 그리고 창작 글쓰기가 경쟁력이다. 힘을 모아 창의적 콘텐츠 개발에 초집중해야 한다.


## BTS의 피, 땀, 눈물

방탄소년단(BTS)이 빌보드 200차트 1위를 차지했는데, 한국 가수로는 최초다. 2013년 데뷔한 7인 보이그룹 방탄소년단은 중소기획사 출신이라는 약점을 딛고 5년 만에 날아올랐다. 이들의 성공 비결이 무엇이라 생각하는가? 한마디로 창의적 콘텐츠, 차별화된 혁신, 나름 틈새시장을 개척한 창의성이다. 전 멤버가 주류가 되어 앨범 창작에 참여하였다. 즉 창작 콘텐츠에 사활을 걸었다. BTS의 경제적 효과가 년 5-6조원이상이라고 한다. 10년간 가져올 경제적 효과 약 41조로 추정되며 외국인 국내 관광객 생산유발 효과는 예측이 불가능하다고 한다.(2020. 10. 15 빅히트 엔터테인먼트 상장)

다 알다시피 우리나라는 창의적 인재들로 가득한 나라다. 다시 시작해도 얼마든지 가능하다. 깊이 생각하고 창의적이며 토론하는 조직만 되어준다면. 감성적 스토리만 갖춘다면 거침없이 리드해 가는 날이 올것이다.

서태지가 BTS에게 해준 말이다. "이제는, 너희들의 시대다. 잘 해봐!"
그 격려대로 되었다. 방탄소년단의 새 앨범 'Love Yourself: Tera'가 빌
보드 200에 세 번째로 1위에 올랐다. 2018년 빌보드 1위 타이틀 No
More Dream 가사는, 꿈을 꾸지 못하는 청춘들의 두려움과 기성세대
나 사회에 의해 제한되는 삶에 대한 불만을 전하고 있다.

BTS의 리더인 김남준(RM)_몬스터(파괴의 신)는 압구정 고등학교 시절
전국 상위 1%의 수재라고 한다. IQ는 천재들의 수치인 148이고, 음악
이 좋아서 음악을 선택했다고 한다. 김남준 리더의 특징으로는 리더십,
유창한 영어, 그리고 창의적 생각이라고 한다. 그는 확실히 감성 스토리
를 선택했다.

방탄소년단이 있기까지 <피, 땀, 눈물> 세 단어가 있었기에 가능했
다. 그들은 흔히 잘 나가는 3대 기획사가 아니었기에 죽기 살기로 연습
을 했다. 하루에 13시간씩 연습을 한다. 늘 바쁜 일정에도 연습을 게을
리 하지 않았다.

## 미래로 나아가는 전략적 목표수립

제2차 세계대전 당시 육군 대장이었던 드와이트 아이젠하워는 "계
획이 비록 가치가 없다 하더라도 계획 수립은 필수적이다"라고 말했다.

우리가 미래를 예측하기 위한 최선의 방법은 미래를 창조하는 것이다.

지금 새로운 경제혁명을 맞이했고 직업 혁명도 도래했다. 세상이 너무 빠르게 변화하고 있어 생존 방법은 어떤 것이 될지 점치기가 쉽지 않다. 대신 가능한 한 다양한 대안을 갖추기 위해 동향을 예상하고, 트렌드를 읽어 당신이 부딪칠지도 모를 문제들을 미리 확인해야 한다. 또한 스스로 선택해야 한다. 그리고 끊임없이 변화하는 세상에서 실제적인 성취를 이루기 위한 목표와 계획은 동적이고 탄력적이어야 한다.

부디 끊임없이 당신의 발전 가능성을 상상하면서 그것들이 실현될 수 있다는 신념을 가져야 한다. 그리고 꿈을 이루기 전까지는 미리부터 포기하는 행동은 피해야 한다.

## 목표에 다가가는 방법

당신이 목표를 성취하기 위한 계획을 세우는 행동에 고무되고 있는지 확인하고 변화와 뜻밖의 발견을 위한 여지를 남겨둔다.

그리고는 가장 빨리 성취할 수 있는 단기 목표를 세우고, 그 목표가 성취된 다음에 추구할 새로운 목표를 추가한다.

人間

# 07

## 타인의 시선을 의식하지 않는
## 스마트한 인간

어글: 사색

# 집중력

<레이스 뜨는 여인>, 요하네스 베르메르, 1669-1670년,
캔버스에 유화, 21x24.5cm, 파리 루브르 박물관

노란색 숄을 입은 여인이 레이스를 뜨다 왼손에 두 짝의 실타래를 가지고 조심스레 바늘을 꽂는 모습을 그렸다. 이 작품의 크기는 24.5x21cm로 베르메르가 남긴 작품 중 가장 작지만 여러 가지 측면에서 가장 추상적이면서도 독특한 작품으로 알려져 있다. 그림 속 여인은 빈 벽을 배경으로 삼고 있으며 여인의 중앙에 집중하고자 함이다.

# 왜 그래야 할까

## 심플하게

'인도' 나라하면 순간적으로 딱 두 인물이 떠오른다. 하나는 마하트마 간디(Mahatma Gandhi, 1869-1948)이다. 다른 한 사람은 시인 타고르다. 인도의 독립운동과 무저항 비폭력 운동을 전개한 지도자 마하트마 간디는 부모님의 종교인 힌두교를 믿었다. 그의 명언 중에 "미래는 현재 (지금) 우리가 무엇을 하는가에 달려 있다"라는 말을 남겼다. 그런데 이름의 '마하트마'는 '위대한 영혼'이라는 뜻으로 인도의 시인인 타고르가 지어준 이름이다.

라빈드라나트 타고르(1861-1941)는 인도의 시인이자 철학자이다. 1913년 아시아에서는 처음으로 노벨 문학상을 수상했다. 그런데 흔히 주식 투자에서 가장 많이 인용되고 있는 그의 시 한편을 읊어 보고자 한다.

**새의 날개를 금으로 싼다면,**

**그 새는 영영 공기 중으로 날지 못할 것이다.**

우리는 앞으로 쭉 심플 인생, 미니멀 라이프(minimal life) 시대에 살게 될 것이다. 이러한 단순한 삶이 되려면 많은 것을 버려야 한다. 먼저 복잡한 생각부터 버려라. 그런데 사람들은 해보지도 않고 포기하고는 자꾸 이것저것 재느냐 아까운 시간을 보내고 있다.

"

**인문학적 인간은 타인과 비교하지 않으며**
**남의 시선에 크게 관심을 갖지 않는다.**
**사실 남들은 나에 대해 크게 관심이 없다.**

"

이렇게 타인의 시선을 지나치게 의식하지 않고 본인의 인생을 찾아 사는 것이 진짜 행복한 인간이다. 타인의 시선을 의식하며 힘들게 살지 말라. 그러려면 생각부터 바꾸어야 한다. 지금부터라도 생각과 시선의 중심을 밖이 아닌 나에게, 내 삶 안으로 돌리도록 한다. 잠깐 멈추고.., 핸들을 확 돌려라. 타인에다 맞추었던 방향을 이제는 내 삶에 맞춘다. 이는 인문학적 인간의 멋진 결심이다.

사실 스마트한 인간은 새로운 것을 알고 싶다는 호기심이 가득하다.

'왜?'의문은 사람을 지혜롭게 만든다. 그래서 유익한 의문을 가졌던 덕분에 인류는 진보하고 앞으로 정진할 수 있었던 것이다.

상대성 원리를 발견한 아인슈타인은 "나는 천재가 아니다. 다만 호기심이 많았을 뿐이다."라고 하였다. 그는 임종이 눈앞에 왔을 때조차도 머릿속 아이디어를 노트에 쓰는 데 주저하지 않았다고 한다. 삶이란 의문에 대한 답을 찾아가는 과정이다. 그러려면 스마트한 습관을 가져야 한다. 바로 생각한 것을 쓰고 적어야 한다. 무엇이든 떠오른 것을 적으면 기적을 만든다. 그래서 나의 인문학 수업의 첫 번째 스마트 습관은 사색하여 적고 쓰는 창의적 인간으로의 태도를 갖추는 것이다.

'자, 확인 들어갑니다~' - 오늘 - 책, 노트, 사색..


남을 의식하거나 타인의 시선에 맞추어져 있다 보니 길거리를 걸으면서 책을 읽지 않는다. 적고 발표하는 것이 의식해서인지 많이 서툴다. 더 심각한 것은 '왜?'라는 의문을 갖지 않으며 잘 묻지를 않는다.

'왜?'라고 묻고 생각하게 하는 것이 사색이다.

성공한 사람들을 특별하게 만든 단 하나는, 바로 '생각'하는 힘에 있었다. 퇴근 후 자기만의 사색하는 시간을 갖는다. 그들을 천재로 만든 단 하나, 그것도 역시 '생각'이었다. 성공한 그들은 특별한 사색가였다.

## 창의적 사고법

내 기준이지만 유대인 격언 중에 최고의 말은 아마도

## "물고기를 잡아주면 하루를 살 수 있지만 잡는 방법을 가르쳐주면 일생을 살 수 있다."

여기서 창의적 사고법은 무엇인가? 그러니까 유대인은 물고기 잡는 법을 가르쳐서 스스로 독립하여 살아남는 생존법을 알려준다.

그렇다. 돈을 잘 버는 법 그리 어렵지 않다. 유대인 부자들의 생각을 훔치면 된다. 그들은 부의 자원을 한마디로 '창의성'이라 말한다. 문제는 창의적 생각을 하지 않는다는 것이다. 분명히 말하건대, 남보다 앞서 남과 다른 생각은 발전하여 돈을 만들어낸다. 그런데 더 흥미로운 것은 '왜?'의문을 갖는 능력은 지구상에 존재하는 동물과 인간의 능력을 구별해 주는 핵심 능력 중의 하나라는 것이다. '왜'라고 질문함으로써 답을 찾을 수 있다.

뉴턴은 사과가 나무에서 떨어지는 것을 단지 쳐다보고만 있지 않았다. 사과가 '왜?' 떨어졌는가에 대한 원인을 찾으려 관찰했다. 그러므로 더 많은 인과적(因果的) 이해는 전체적으로 지식의 질을 더 높인다. 그래서 고급지식은 더 스마트해지는 데 핵심 요소이다. 지식의 질을 반드시 높여야 더 스마트해진다.

다시 오늘부터 당연시 하지 말고 '왜?'라는 질문을 갖는다. 그리고 교류가 있는 사람 중 자신이 갖지 못한 중요한 지식을 보유한 것으로 보이는 사람을 찾고 만나는데 시간을 아끼지 말고 투자한다. 이 사람의 생각을 활용하여 자신의 지식을 높이고 영역을 확장하는데 자원으로 만들어라.

생산적인 사고는 성장하게 한다.
사색은 성공의 폭과 깊이를 확장시키는데 있다.
그래서 세상의 위대한 발견과 발명은 우연이 아닌, 멈추지 않는 사색에서 시작된다.
어떤 우연도 사색하지 않는 자에게는 찾아오지 않는다.

# 스마트한 인간

## 스마트한 습관

현생인류(現生人類)를 호모 사피엔스(Homo sapiens: 생각하는 사람)라고 말한다. 지능이 있는 '슬기로운 사람'이라는 뜻이다. 생존을 위해 도구 등을 획기적으로 발전시킴으로써 신체적 약점을 극복하고 삶의 질을 극적으로 변화시켰다. 특히 머리 쓰고 집단생활에 유연했다. 호모 사피엔스를 요즘말로 하면 '스마트하다'고 할 수 있다. 호모 사피엔스부터 언어와 문자를 사용했다.

1.4킬로그램 뇌가 주로 하는 것은 생각이다. 특히 철학자들은 '생각'의 고찰을 한다. 이는 인간으로서의 고유한 특징이다. 그리스 철학자 플라톤은 생각은 심장이 아닌 뇌에서 만들어진다고 말했다. 그런가하면 파블로 피카소는 "상상할 수 있다면 그건 이미 현실이다"라고 하였다. 창의성이라는 것도 결국 표현의 산물이다. 그래서 강력한 표현은 치열

하게 생각을 많이 했다는 의미이다.

여전히 스마트(smart)가 중요한 화두다. 영민함과 지혜를 갖추고 세련되며 매사에 가치를 창출하여 발전을 앞당기는 '스마트한 사람'이다. 이는 이상적인 인재로서 창의적인 인간이다.

창의성이 어디에서 나와서 어떻게 힘으로 작용할까를 설명하기가 쉬운 일은 아닐 것이다. 분명한 것은 스스로 가지고 있는 정보, 지식, 그리고 상상력이 바탕이 된 생각하는 힘을 통해 얻어진다. 분명한 사실 하나 더, 스마트한 인간이 그렇지 못한 사람보다 성공한 경우가 많다. 그래서 단순작업은 스마트한 기기에 맡기고, 우리는 새로운 스마트 문화를 즐겨야 성공하기가 수월하다.

고급지식을 습득하고 스마트한 습관을 길러야 한다. SNS에 널린 값싼 정보들 말고, 인터넷 서핑은 싱그러울 수 없다. 유용한 지식은 스스로가 직접 캐내야 값진 스마트가 된다.


나의 사명 역시 창의적 인문학을 누리는 원우 중에 부의 행동들을 발굴해 이미 가진 무한한 잠재력을 키워주고 더 스마트질 수 있도록 돕는 것이다. 그래서 매일 사색 심포지엄을 준비하는 것도 더 잘 사고하는 법을 나누기 위함이다. 그래서 참가자들에게 주어지는 것이 있는데, 버려야 될 습관에 대해 말해보라고 요청한다. 스마트한 습관이 곧 창의적 영역을 확대시키기 때문이다. 결국 자기 설명력을 키워야 창의적 스마트한 인간이 된다.

정보나 지식, 그리고 생각들이 고급지식이 되려면 유용하게 쓰이기 위해서 알고 있는 것을 분명하게 쓰고 설명할 수 있어야 한다. 자기 설명의 습관을 습득하고 설명의 깊이를 가지면 듣는 사람들은 분명하게 이해되게 되고 지식을 흡수할 수 있다.

스마트한 습관으로 자신의 논리를 타인에게 합리적으로 설명함으로 자연적으로 더 나은 설명을 할 수 있다. 좋은 발표 습관을 발전시키는 데 도움이 된다. 그렇다면 인간의 사고 능력을 키우도록 돕는 방법 중 무엇이 완벽한 연습이 되겠는가? 인생의 주요 고비마다 무엇이 좋은 성과를 낳을까? 항상 경쟁자보다 앞서 나아가기 위해서는 무엇을 해야 하는가? 나아가 건강하게 오래 사는 법은 무엇일까?

분명 열심히 일하는 것만은 아니다. 대신 배우고자 하는 노력이 중요하다. 즉 스마트하게 생각하고 행동해야 한다.

현재 우리는 지식 경제(knowledge economy) 위에 살고 있다. 이 세계에서 성공하기 위해서는 더 스마트하게 준비해야 하고 서둘러 스마트한 습관을 길러야 한다. 인간은 스마트한 일을 행하는 특별한 능력을 갖추고 태어났다. 하지만 스마트하기 위해서는 각각의 정신적 재능을 숙련시켜야 한다. 그러므로 스마트 씽킹은 확실히 기술이며 능력이다.

자신이 가진 지식과 정보, 경험을 활용함으로써 보다 더 스마트해지는 데 도움이 된다. 나를 만난 분들이 더 스마트하게 앞서갈 수 있도록 고품질 지식을 현실 상황에 적용하고, 탁월한 아이디어를 이끌어내도록 돕는 것이 나의 사명이다. 무한경쟁의 시대는 창조적 인재만이 살아남을 수 있기 때문이다.

## 스마트한 씽킹 개발 프로젝트

1. 발표의 핵심 생각 목록을 작성하고 각각의 핵심 생각들을 문장으로 기술한다.

2. 자신의 생각을 설명하도록 돕는 3가지 질문을 만들어본다.

# 공감적 스토리 사회

## 드림 스토리 사회

제4차 산업혁명의 디지털사회 다음에는 어떤 사회가 도래할까?

내 생각과 덴마크 출신의 세계적인 미래학자 롤프 옌센(Rolf Jensen)과 생각이 같다. 감성에 바탕을 둔 꿈, 호기심, 그리고 공감적 상상의 스토리 사회가 될 것이다.

한 번은 롤프 옌센이 대학에서 경제 시장의 변화에 대한 강의를 하는 중에 이런 질문을 받았다. "선생님, 현대를 정보화 사회라고 하는데 다음에는 어떤 사회가 도래할까요?" 교수님은 갑작스러운 질문이라 잠시 당황하였고 큰 도전이 되었다. 다음 시간에 대답해 주기로 하고, 곧바로 도서관에 들어가 다가올 미래 사회에 대한 연구를 시작하여 마침내 책 한 권을 썼다. 물론 1년의 시간이 지나서 말이다. 그 책이 바로 <드림 소사이어티(dream society)>이다. 이미 도래했지만 미래사회는 꿈과 호기심, 상상력, 이미지, 감성의 스토리 사회가 된다. 또 <정의란 무엇인가>의 저자 마이클 센델 교수는 돈으로 살 수 없는 가치들이 있는데, 역시 '이미지'와 '감성 스토리'라고 말했다. 결국 미래의 핵심 산업은 창의적 콘텐츠가 힘이다. 절대 답이다.

경영학에 보면 '콘크리트 소비자'라는 용어가 있다. 세상이 급변하고 다양해지면서 웬만한 마케팅 기법에 무감각해진 소비자를 뜻하는 용어다. 소비자의 기대를 뛰어넘는 감동이 없으면 외면한다. 그렇다면 소비자를 어떻게 감동시킬 수 있을까? 가장 기본적인 방법은 소비자의 감각을 자극하는 공감적 마케팅이다. 그 공감적 마케팅의 요소는 감각(sense), 감성(feel), 관계(relate), 지성(think), 행동(act)으로 구성되어 있다. 고객이 원하는 느낌과 감성적 체험을 서비스에 대한 긍정적이고 즐거운 감정을 느끼게 해주는 것이다. 한 통계에 의하면 피팅룸에 들어가서 옷을 입어본 고객의 구매율이 70%에 육박한다고 한다. 그만큼 감성적 체험이 중요하다는 의미이다.

사람들은 말이나 광고보다 감동의 이야기를 더 좋아하고 영향도 더 많이 받는다. 설동설(說動說)이라는 말이 있는데, 세상은 이야기를 중심으로 돈다는 의미이다. 결국 이야기는 사람들의 마음을 움직이는 힘이 된다. 소비자들은 단순 광고보다 스토리에 더 열광하고 있다. 기업이 단순히 제품을 파는 것보다 신뢰할 수 있는 스토리를 만드는 것이 훨씬 낮다. 그래서 기업에서 가장 핵심이 되어야 할 부분으로 공감할 수 있는 감성적 스토리 마케팅이다. 이는 소비자의 마음을 움직이는 감성이기 때문이다.

다음의 두 이야기를 통해 공감하는 감성적 스토리 마케팅의 위력을 확인할 수 있을 것이다.


## 에비앙 이야기

프랑스의 레세르 후작은 신장결석을 앓았다. 그래서 알프스의 작은 마을 에비앙에서 요양하고 있었다. 그러던 어느 날 마을의 한 주민이 이곳의 지하수가 몸에 좋으니 마셔보라고 권했다. 후작은 주민의 말대로 에비앙 마을의 지하수를 꾸준히 마셨다. 얼마 후 놀랍게도 신장결석이 깨끗이 나았다. 그 비밀은 에비앙 지하수에는 미네랄이 풍부하다는 것이었다.

이 소문이 퍼지자 많은 사람들이 에비앙에 찾아왔다. 이 땅의 소유주 카샤는 1878년 에비앙 생수를 프랑스 정부로부터 공식 판매 허가를 받고 상품으로 출시된 세계 최초의 물이 되었다. 에비앙은 이 이야기를 바탕으로 세계 최대 생수 판매 업체로 성장했다.

이곳엔 많은 사람들이 그저 퍼져나간 이야기만을 듣고 몰려왔다. 그리고 큰 부(富)를 생산해 냈다.


## 말보로 이야기

미국 보스턴의 한 공대에 다니는 가난한 학생이 있었다(1800년). 그는 지방 유지의 딸과 사랑에 빠졌다. 그런데 여자 집안의 반대로 무척이나 힘든 시간을 보내고 있었다. 그러던 어느 날 둘을 갈라놓기 위해 여자 집안에서는 딸을 멀리 친척집으로 보내버렸다. 남자는 그녀를 찾기 위해 몇 날 며칠을 헤맸고, 곧 몸과 마음은 지쳐버리고 말았다. 비가 내리던 어느 날, 그녀를 그리워하며 무작정 그녀의 집 앞으로 찾아간 그는 집으로 돌아온 그녀를 만날 수 있었다. 반갑게 맞이해준 그녀는 청천벽력 같은 말을 전했다.

"나, 내일 결혼해!"

아무것도 할 수 없었던 남자는 한 가지 소원을 말했다.

"내가 담배 한 대 피우는 동안만 내 곁에 있어줄래?"

여자는 고개를 끄덕였고, 남자는 담배를 꺼내 불을 붙였다. 당시 필터가 없었던 잎담배는 너무 빨리 타 들어가 남자의 마음을 더욱 아프게 했다. 훗날, 그녀와의 짧은 마지막 시간이 한이 되었던 그는 천천히 타 들어가도록 필터가 있는 담배를 만들어 큰 성공을 거두었다.

세월은 흐르고 그녀를 잊지 못하던 그는 그녀의 소식을 듣게 된다.

남편을 일찍 여의고 혼자 병든 몸으로 빈민가에서 외로이 살고 있다는 것이다. 하얀 눈이 내리던 어느 겨울날, 그는 그녀를 찾아갔다. 그는 그녀에게 "아직도 당신을 사랑하고 있으니 결혼해 달라."며 청혼했다. 당황한 그녀는 잠시 생각할 시간을 달라며 결정을 미루었다. 다음 날 그녀는 목을 맨 채 싸늘한 시체로 발견되었다.

슬픔에 잠긴 그는 그동안 방황했던 자신의 모습을 떠올리며 자신이 개발한 새 담배에 '말보로'라고 이름 붙였다. 말보르는 'Man always remember love because of romance over'의 이니셜을 딴 글자로, '남자는 흘러간 로맨스 때문에 항상 사랑을 기억한다'라는 의미이다.

이처럼 감성적 스토리는 브랜드에 생명을 불어넣는 역할을 한다. 이야기의 힘은 강한 파급력과 전염성이 있다. 그리고 감동을 줄뿐만 아니라 부(富)를 만들어낸다.

업글 : 사색, 인간

# 휴먼 인사이트

## 인문학적 역량을 갖춘 인재

지금도 인문학의 우아함과 창의적 상상력을 배우려고 하는 관심이 옅어져 있다. 특히 고등학교와 대학에서는 수능과 취업에 밀려 인문학 학습의 가치가 뒤로 밀린 것이 사실이다. 실용성과는 거리가 멀어 보인다고 하여 관심 밖에 있다. 그런데 치열한 일터의 현장에서, 근로시장에서는 인문학의 바른 가치를 가미할 줄 아는 사람들을 요구하고 있는 것도 사실이다.

그리스의 철학자 아리스토텔레스의 말처럼 "인간은 끊임없이 타인과의 관계 하는 존재이다Man is a social animal(zoon politikon)." 그 인간의 역량으로 호기심, 창의성, 상상력, 공감, 감성, 인성, 전문 기술 등으로 나열할 수 있다. 서로 경쟁하고 우정을 쌓기도 하고, 타인의 존중을 갈구하고, 건강하게 응징하기도 한다. 제4차 산업혁명의 기계들(AI, 로봇, IoT)은 가령 감정이 개입되거나 규범이나 위기적 상황의 경우에 대처하는 법은 모른다. 하지만 인문학적 인간은 안다.

　하이테크 시대가 가속화되어갈수록 인문학 전공자들을 더 선호한다. 기술이 지배하는 세상에서 가장 필요한 분야가 역설적으로 창의적 인문학이라는 것이다.

　앞으로 IT기계들이(AI, 로봇, IoT) 모호하고 흐릿한 상황, 생각과 감정의 균형을 잡아주는 능력에 결국 어떤 역량이 필요할까? 치열한 제4차 산업혁명 사회는 오히려 단단한 인문학적 내공을 요구한다. 인문학적 사고가 무엇보다 중요한 이유는, 단번에 도달할 수 없는 해답을 향해 한 걸음 한 걸음 내딛는 법을 가르쳐 준다.

　'사랑'이라는 감정은 휴먼만이 가지고 있는 특별한 것이다. 사실 사랑의 눈으로 보면 보이지 않았던 것이 보인다. 휴먼 인사이트(human insight) 글자를 보면 '안(in) 보다(sight)'. 안을 들여다보는 것이다. 사물이나 현상, 문제의 안을 꿰뚫어보는 것. 어떤 행동에 대한 원인을 파악해내는 능력이다. 또 널려 있는 요소나 정보들을 꿰어서 하나의 결과물을 만드는 것이다. 사고적 차원에서 일반적 상식을 뒤엎은 의미를 찾는 것, 상식 아래의 마음을 발견하는 것, 문제의 왜(why)를 알아내는 과정이다.

　한마디로 휴먼 인사이트(통찰력)는 마음의 눈으로, 사랑의 눈으로 안(in)을 깊이 들여다보는 능력이다. 그래서 휴먼 인사이트(human insight)는 인간의 본질을 연구한다. 이는 고도로 훈련되어야만 가장 상위 수

준인 인문학적 감성을 도출해낼 수 있다. 그 인사이트를 도출하기 위해서는 능동적 사색이 요구된다. 결국 인문학을 학습해야 하는 이유도 통찰력을 키우기 위해서이다. 그러려면 의문을 갖고 예리한 관찰력으로 두루 살펴야 한다.

## 나만의 길(Third Way)

철학을 전공한 나는 주변 사람들로부터 다음의 물음을 종종 받는다. '철학이란 무엇인가?' '철학은 어렵다!' '철학이 경제에 도움이 되는가?' '인문학이 중요한가?' 등

나의 대답은 간단하다. 철학을 뜻하는 단어 'Philosophy'가 답이다.

필로소피(Philosophy)는 그리스어로 '지혜를 사랑한다'는 뜻 '필로(philo, 사랑한다)'와 '소피아(sophia, 지혜)'에서 나온 것으로, 번역하면 '철학(哲學)'이다. 철학의 목적은 현실에서 일어나는 문제를 해결하려는 노력이다.

이는 지혜에 대한 사랑, 즉 지적 호기심이며 이미 명제로 당연시하는 것에 재차 의문을 품는다. 그러면서 가려고 하지 않는 제3의 길(Third Way)을 가는 것. 이 길은 누구도 가보지 않은 미개척의 길이다. 그런데 철학이 있기에 기존의 상식이나 통념에서 벗어나 나만의 제3의 길을 걸어간다. 그런데 제1의 길은 내가 가장 익숙한 길이고, 제2의 길은 남이

먼저 길을 낸 길이다. 이 둘의 길에서는 창의적인 성과를 낼 수 없다. 기존의 것들을 당연시 여겼던 통념에서 벗어나 누구도 가보지 않은 미개척의 길에서 생겨나는 것이다. 오직 그 길은 나만이 갈 수 있는 길이다.

지금보다 더 창의적이고 상상력 넘치는 다름의 생각을 가져야 한다. 평범함을 넘어서 다른 결점을 찾고 무한 호기심을 누린다. 특별함과 미개척을 즐긴다. 그러므로 철학이란 다소 사람들이 가려고 하지 않는 제3의 길을 통해 창의적 답을 찾는 것이다. 창의성 없이는 성과도 없고 확장도 불가능하다. 더욱 미래 사회는 강력하게 창의성을 요구한다. 창의성을 발휘하기 위해서는 창의적 학습이 필요하다. 창의성에 초집중하여 배우고 학습해야 한다.

"굽은 나무가 선산을 지킨다."

- 속담

人間

# 08

상상력의 대가
## 유니크한 상상력

엮글: 사색

# 치열한 상상력

## 현실로 다가온 꿈의 사회

---

당신이 할 수 있다고 생각하든

할 수 없다고 생각하든

당신의 생각은 항상 옳다.

---

### 헨리 포드

그리스신화에 나오는 헤라클레스는 히드라의 목을 자르겠다는 목표를 버리고 정확히 심장에 칼을 꽂음으로써 승리를 거뒀다. 그런가하면 '목계(木鷄)'는 <장자>의 '달생'편에 나오는 싸움닭 이야기다. '스스로 경계하라'는 의미를 지니고 있다. 싸움닭이 잘 훈련돼 있으면 싸움을 하지 않더라도 근엄한 위용을 갖춰 어떤 싸움닭도 범접하지 못한다는 것이다. 이 목계는 '칼을 들고 있되, 휘두르지 않고도 목적을 달성하는 것이 최선의 상책'이라는 <손자병법>의 '상지상(上之上 싸우지 않고 이기는 것)'의 교훈을 담고 있다.

유명한 지그문트 프로이트(Sigmund Freud, 1856-1939)는 오스트리아의 신경과 의사이자 정신분석학 창시자였다. 의사로서 전공 공부만 하는 연구광은 아니었다. 그는 인문학을 사랑한 의과학자였다. 그림과 문학에도 관심이 많아 다작의 수필을 발표하기도 했다. 프로이트는 특히 독일 문학에 기여한 공로로 1930년에 괴테상을 받기도 했다. 그는 그의 저서 <꿈의 해석>에서 꿈을 '인간 내면의 잠재의식에 자리한 욕망이 표출되는 것'이라고 주장했다. 이처럼 프로이트가 다방면에서 천재성을 발휘할 수 있게 해준 위대한 힘의 원천은 바로 꿈과 상상력이었다.

<제3의 물결>을 쓴 앨빈 토플러(미국의 작가, 미래학자 1828-2016)와 함께 미래학을 창시한 짐 데이토(Jim Dator), 미래학의 두 대부(代父)는 이미 오래전에 창조경제를 예견했다. "세계 경제는 제조업에서 서비스 산업으로, 다시 지식경제에서 창조경제로 이동하고 있다"라고 말했다. 한마디로 상상력을 통해 기존에 없던 것을 새롭게 만들어내는 것을 의미한다. 그러므로 창의성은 상상력과 꿈으로부터 나온다.

유대인들의 구전으로 내려오는 경전 탈무드(Talmud)에는 "당신의 꿈은 당신을 가장 아름답게 꾸며주는 최고의 옷."이라고 가르친다. 나는 확언하건대, 당신의 생생하고 확고한 꿈과 원대한 상상력은 미래의 최

고 경쟁력이자 창의적 동력이 되어 돈이 된다. 그 대표적인 예로 구글은 인간이 상상할 수 있는 모든 것들을 인공지능(AI)을 통해 하나하나 현실화시키고 있다.

일찍이 구글(Google)이 성공한 이유는 무엇일까? 그들의 철학이 궁금하여 구글을 탐구했다. 한마디로 "사악해지지 말자(Don't be evil)"라는 사훈이 말해주듯, 즉 이윤만 추구하는 기존 기업과 다른 방식으로도 얼마든지 성공할 수 있다는 것이다.

구글의 창업자 래리 페이지(Larry Page 1973-)는 어릴 적 발명가를 꿈꿨다. 래리 페이지의 아버지는 틈날 때마다 발명가를 꿈꾸는 아들을 미국 전역으로 데리고 다니며 콘퍼런스, 박람회, 큰 인물 등 넓은 시야와 많은 경험들을 갖도록 도와주었다. 훗날 이러한 인식들이 더 많은 가능성을 꿈꾸게 했다고 회고했다.

또 IT기술에 감성을 더한 페이스북의 창업자 마크 주커버그(Mark Zuckerberg 1984-)는 '공감(좋아요)' '공통(댓글)' '공유'라는 기능을 통해 감성이 소통하게 만들었다. 그것이 시인이나 감성적인 사람들이 페이스북에 득세하는 이유이다. 다 알고 있듯이 페이스북의 장점은 사용자들의 글이나 사진, 영상 등 콘텐츠를 자유롭게 공유할 수 있다는 점이다.

마크 주커버그의 창의적 성공 뒤에도 부모의 영향이 컸다. 어릴 적부터 좋아하는 컴퓨터를 가르쳤고 대학의 강의에도 데리고 다녔다. 훗날 꿈이 생겼는데, 누구나 쉽게 정보를 공유할 수 있는 애플리케이션을 만드는 것이었다.

# 상상력의 힘

---

"생각이 바로 경쟁력이다."

### 유대인의 말

---

상상력이 풍부하고 호기심이 많았던 어릴 적
토머스 에디슨(Thomas Alva Edison, 1847-1931)[1]
미국의 발명가. 백열 전구, 축음기, 영화 촬영기 등 1,000여 종의 발명 특허를 냄

---

1) 어린 시절의 에디슨,
이미지 출처: http://www.edujin.co.kr/news/photo/201705/15919_24726_2020.jp

우리의 대뇌는 특히 창의적 생각을 할 때 평소와는 달리 전혀 상관 없는 영역들이 동시에 반응을 한다. 서로 다른 영역의 뉴런들이 결합하면서 창의적 생각들이 떠오르게 만든다. 그러므로 잔머리를 쓰는 대신 창의적이며 상상의 머리를 써야 한다. 얄팍한 기법 말고 호기심의 기본기가 필요하다. 이는 위기를 극복할 수 있는 새로운 돌파구가 된다. 이는 창의적 상상력에 달려있다. 한마디로 우리는 무한한 창의적 인간이기 때문이다.

나와 같은 뜻을 가진 천재 프랑스의 수학자이자 철학자인 블레즈 파스칼이 <팡세>에서 인간은 자연 가운데서 가장 약한 하나의 갈대에 불과하다고 말했다. 그러나 그 인간은 생각하는 힘을 지녔기 때문에 고귀하고 위대한 변증의 말을 남겼다. "인간은 생각하는 갈대이다." 그러므로 인간이 연약하고 추하며 이해하지 못한다고 해서 상대의 영역을 지배하려고 하면 안 된다.

하루는 밤이 늦도록 토머스 에디슨이 집에 들어오지 않았다. 전 식구가 동원되어 마을로 찾아 나섰다. 결국 아버지가 거위와 함께 알을 품고 있는 아이를 찾아내 집으로 데려왔다. 그 이유는 거위가 알을 품고 있다가 후에 알이 부화되는 과정을 보고, 자신이 거위를 부화시켜보고 싶었던 것이다.

어느 날 선생님이 '1+1 = 2'라고 가르쳐주었다. 에디슨은 선생님에게 '왜 1 더하기 1이 2가 되냐?'고 되물었다. 선생님은 너무 당연한 질문을 하였고, 수업 시 엉뚱한 질문 등으로 주입식 교육에 적응하지 못한다고 여겨 학습장애 아이로 통보했다. 선생님은 부모님에게 에디슨은 '1+1 = 2'임을 이해 못하는 장애아이라고 설명하자, 듣고 있던 에디슨은 밖으로 나가 진흙 두 뭉치를 가져와 합쳐 보이며 '1+1 = 1'이 될 수 있음을 보여주었다.

**진흙 [ 1 ] + 진흙 [ 1 ] = 새로운 진흙 덩어리 [ 1 ]**

결국 "천재는 1%의 영감과 99%의 노력으로 이루어진다"는 에디슨의 유명한 말이 이해가 된다.


## 유니크한 꿈

물리학자 알버트 아인슈타인은 강조하여 말했다. "지식보다 상상력이 더 중요하다." 다음의 단어를 들으면 가장 먼저 떠오르는 생각은 무엇인가? '스티브 잡스' '픽사 애니메이션' '토이스토리' '애플' 또 월트 디즈니와 앨버트 아인슈타인은 무엇을 대표하는 인물인가?

이들은 모두 베스트(best)가 아닌 유니크(unique)한 꿈을 꾸었다.

생각해보라, 베스트는 단 한 명뿐이지만 유니크는 모든 사람이 될 수 있다. 유대인의 격언에 보면 "형제의 머리를 비교하면 양쪽을 다 죽이지만, 개성을 비교하면 양쪽을 다 살릴 수 있다"라는 위대한 말이 있지 않은가.

&lt;혀 내민 아인슈타인 사진&gt; 사진출처[2]

위 사진은 72세 생일날 찍은 알버트 아인슈타인(독일 태생의 이론물리학자, 특수상대성 이론, 1879-1955)의 사진이다. 무려 경매에서 1억 원에 팔렸다고 한다. 아인슈타인은 교육의 목적을 "기계적인 사람을 만드는 데 있지 않으며 인간적인 사람을 만드는 데 있다."라고 말했다.

유니크한 꿈 '좋아요' 버튼으로 탄생한 페이스북 창업자 마크 저커버

---

2) 이미지출처 http://pds.joins.com/news/component/htmlphoto_mmdata/200906/htm_2009062115410540004010-001.JPG

업글 : 사색, 인간

그가 19살의 젊은 나이에 '지구상의 모든 사람을 연결한다'는 무한 꿈으로 페이스북을 개발할 수 있었던 배경에 그의 창의적 꿈 덕분이었다. 친구들의 생각과 공감을 정감 있게 알려준다고 해서 IT기술에 감성을 입혔다고 한다. 그래서 꿈꾸는 시인이나 감성적인 사람들이 페이스북(SNS)에 가장 많다. 페이스북의 '좋아요' 버튼은 최고의 유니크한 꿈이다.

　지금 당신의 유니크한 꿈을 적고 나누어보자. 얼마나 큰 창의적 꿈인지 기대가 된다.

---

---

---

---

---

## 창의적 상상력

아마도 현존하는 영화감독 가운데 가장 유명한 감독 중 한 명은 스티븐 스필버그(Steven Allan Spielberg, 1946-)일 수 있다. 영화 제작의 천재로 불리는 그는 <이티(ET)> <죠스> <인디아나 존스> <쥬라기 공원> <쉰들러 리스트> <라이언 일병구하기> <레디 플레이어 원> 등 작품마다 세계 1위의 흥행 기록을 세웠다. 이는 모두 그의 상상력과 창의성의 결정체이다. 놀랍지 않은가? 그의 영화 모두는 긱(geek)적이며 유니크한 상상력의 결과였다.

그렇다면 스필버그는 어떻게 해서 이토록 창의적일 수 있었을까?

그것은 그의 열정 때문이다. 즐겁게 일하는 열정 말이다. 그는 영화를 제작하면서 엄청난 흥분과 재미를 느낀다. 자신이 선택한 일을 그토록 즐겁게, 재있게 하는 태도가 그를 성공시킨 가장 큰 힘이었다.

스티븐 스필버그의 영화 ET[3]

---

3) 이미지 출처: http://cfile30.uf.tistory.com/image/25604E4552857B063381B4

인문학이 경영혁명의 돌파구이다. 필히 인문학적 이해와 통찰력을 활용해 경영 일선에 접목하는 것이 중요하다. 따라서 경영의 경쟁력은 창의적 상상력이 풍부한 인재를 키우고 발굴함에 있다. 돈키호테같이 엉뚱하지만 기발한 상상력을 소유한 인재가 창의적 상상력을 발휘 할 수 있도록 한다.

그리스 철학자 아리스토텔레스에게 최고의 철학과 인문학 교육을 받았던 그리스 알렉산더 대왕은 21살에 그리스를 평정하고 세계 역사를 만들었다. 조선 최고의 인문학자였던 세종대왕(22)과 정조대왕(24)은 왕위에 올라 조선 최고의 인문학 기관인 집현전과 규장각을 설치했다.

미국 실용주의 건국의 아버지로 불리는 벤저민 프랭클린(Benjamin Franklin, 1706-1790)은 초등학교 2학년 중퇴가 전부의 학력이다. 그러나 미국인들이 닮기 원하는 첫 번째 인물이다. 그는 인문학적 사고를 통해 피뢰침을 발명하고 미국 철학협회를 창립하였다. 그리고 사업가로 큰 성공을 거두었다.

그가 그토록 존경받고 성공한 비결은 과연 무엇이었을까?

성공요소의 기본은 모두 독서에서 시작되었다. 인쇄업 수습공이었던 벤저민은 손에 쥘 수 있는 모든 책을 읽었다. 그리고 자신의 부족함을 메우기 위해 배우는 것을 멈추지 않았다. "어릴 적부터 나는 글 읽기를 좋아했다. 내 손에 들어온 돈은 모두 책을 사는 데 들어갔다." 벤저민 프랭클린은 책을 통해 성장한 사람이다.

유대인 노벨상의 22퍼센트 차지, 각 분야의 석권 수치에 감탄한다. 무엇이 이토록 위대하게 만들었을까? 부유한 민족성을 갖고 있는 것일까? 오늘날 흩어져 살고 있는 유대인은 약 1,400만 명 정도이다. 이들의 저력 무엇으로 보는가? 바로 온 가족이 함께 모여 독서와 대화에서 나온 창의성 덕분이다. 기업가정신 관점에서 본다면 유대인들의 직업 선택 기준은 미래 지향적이다.

그들은 "자기가 잘 할 수 있는 일, 좋아할 수 있는 일, 보람을 느끼는 일." 만을 택하여 전념한다. 그리고 세계에서 가장 독서를 많이 하는 민족이 유대인이다. 그들은 독서가 창의력과 상상력의 원천이라는 비밀을 알기 때문이다. 또한 독서는 사고력을 키워준다. 그래서 독서 후 독서 내용을 주제로 토론을 한다.

## 인문학적 통찰력

<스타워즈(Star Wars)>를 흥행시킨 조지 루카스 감독. 1976년 할리우드 영화사들은 영화 제작에 컴퓨터 기술을 접목한다는 것은 상상도 하지 못했다. 하지만 젊은 32살의 남자가 1977년 5월 25일 <스타워즈>라는 영화로 고정관념을 깨버렸다. 미국 전역에서 개봉했다. 그리고는 이 영화의 파격적인 특수효과로 영화 산업을 완전히 다른 궤도에 올려놓았다. 조지 루카스는 창의적인 <스타워즈>의 성공 덕에 큰 부(富)

를 누리게 된다. 그리고 애플의 창업주 스
티브 잡스는 루카스필름의 그룹을 인수해
픽사를 설립한다.

할리우드 감독 겸 제작자 조지 루카
스가 만든 영화 '스타 워즈' 포스터

조지 루카스 감독이 이처럼 성공할 수
있었던 비결은 무엇일까? 스타워즈가 이
토록 대단한 성공을 거둔 원동력은? .., 조
지 루카스가 쓴 대사를 보면 "한다, 하지
않는다, 둘 뿐이다. 해 본다는 말은 없어."
많은 성공 요인들이 있지만, 감독의 탄탄한 인문학적 소양을 다루었다.
조지 루카스는 모데스토 주니어칼리지에서 인류학, 사회학, 문학을 공
부했다. 루카스필름 대표 캐슬린 케네디는 스타워즈의 성공 요인을 "탁
월한 스토리텔링이다."라고 말했다.

루카스 자신은 스타워즈의 성공 요인을 "고전적인 주제를 혁신적인
방법으로 다룬 것이 주효했다"라고 밝혔다. 즉 인문학적 통찰력이었다.
과학의 힘을 영화에 끌어 들여 기발한 상상력과 관객을 압도하는 영상
을 만들어낸 것이 한 세대에 걸쳐 관객을 끌어 모으는 핵심적인 요인이
라는 분석이다. 그 세 가지 요인을 보면, 첫째로 옛날 옛적에로 시작하
는 설화에서 가져왔다. '옛날 옛적에…(Once upon a time…, A long time
ago)'로 시작하는 신화에서 도입부를 가져왔다.

둘째는 철학에서 아이디어를 가져왔다. '스타워즈' 하면 가장 먼저 떠오르는 단어는 '포스'다. "포스가 함께하길(May the Force be with you.)"은 서양에서 행운을 비는 인사말로 많이 쓴다. 그런데 이 '포스'는 루카스가 중국의 대(大)철학자 노자의 '기(氣, Force)' 사상에서 영감을 받아 만든 것이다.

셋째로 스토리는 고대 원형신화에서 가져왔다. <스타워즈> 이야기는 고대 그리스 로마신화뿐만 아니라 인도 신화 등 동서양을 막론하고 등장한다.

인문학적 이해와 통찰력은 창의적 힘을 만들어 낸다. 저돌적이고 상대방을 생각지 못한 방향으로 끌고 가는 힘이 있다. 부의 가치를 지닌다. 고정관념을 깨고 무한한 상상력과 사고의 확장을 도와준다. 특히 인문학적 사고와 폭넓은 독서로 더 스마트한 창의성을 발휘할 수 있는 것이다.


## 발칙한 상상력


애플의 창업자이며 인문학 경영자 스티브 잡스는 2011년 이 세상에서 최고 오피스 빌딩을 짓겠다는 목표를 발표했다. 13,000명 수용 가능한 우주선이라 불리는 애플의 신사옥. 미국 캘리포니아주 쿠퍼티노

시에 있다. 총 면적의
80%가 자연으로 뒤덮
여 있고, 약 한화 6조원
의 공사비용으로 만들
어졌다고 한다.

애플의 신사옥 '우주선'[4]

스티브 잡스는 2009
년 건축가 팀에게 다음
과 같은 유명한 명언을
남기었다. "이 프로젝트에서 나를 한명의 고객으로 생각하지 말고 팀의
한 일원으로 생각해 달라." 결국 애플의 신사옥은 스티브 잡스가 설계
하였다.

스티브 잡스는 루카스 필름으로부터 500만 달러에 픽사를 사들이
면서 회사에 합류하게 된다. 그가 픽사의 최고경영자(CEO)를 맡으면서
회사 최초의 성공작인 '토이 스토리'가 상업적으로 큰 홍행을 거두게
된다.[5] 샌프란시스코 베이브리지에 있는 픽사 애니메이션 스튜디오 건
물은 스티브 잡스가 설계하고 디자인한 건물이다. 그래서 스티브 잡스
빌딩이라 부른다. 그가 디자인한 것은 독특하게 보이거나 별난 취향 때

---

4) 이미지 출처: https://encrypted-tbn0.gstatic.com/images?q=tbn:ANd9GcR0GLgoZ
   uss3htPaMuuMGVfl1Yezc1vjk9_z-Jkf7IGHXp9WxaA
5) 이미지 출처: http://www.hyosaja.com/blog/wp-content/uploads/2016/03/
   IMG_9644.jpg

문이 아니다. 오직 직원들이 효율적으로 협력해 창의성을 마음껏 발휘할 수 있도록 하기 위함이다. 한마디로 픽사가 성공할 수 있었던 핵심 비결은 넉넉한 여유, 발칙한 상상력, 엉뚱한 이탈의 기업문화 덕분이다.

## 창의성 발휘

여러분은 지금 하는 일이 정말 내가 하고 싶었던 일인가?

픽사의 사장 에드 캣멀은 "문제는 항상 존재하는 법이고, 그 중 상당수는 자신의 눈에 보이지 않는다."라고 하였다. 그는 픽사의 성공의 핵심 요인은 사람에게 있다고 봤다. 그렇다면 왜 성공의 요인을 사람에 두었는가? 바로 창의적인 아이디어는 사람에게서 나오기 때문이다. 그렇다면 픽사는 어떻게 창의성을 길러 냈을까? 한마디로 다양한 사람들과 의사소통하는 데 능숙했기 때문이다.

<토이 스토리>는 1995년 11월 22일 미국 전역에서 개봉해 역대 최고 흥행 기록을 세웠다. 타임지는 작품을 보고는 "혁신적이다" "재기발랄하다" "선구적이다"라고 평했다.[6] 작품의 예술성과 풍부한 감정을 표출했다는 것에 있다. <토이 스토리>로 행복한 것은, 에드 캣멀의 어릴적 꿈을 이룬 것도 있지만 더 기쁘고 즐거운 것은 "지금 하는 일이 정

6) 이미지 출처: http://up.movizland.com/uploads/13726438591.jpg

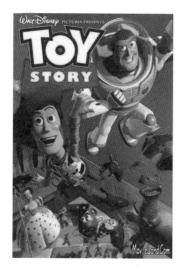

말로 내가 하고 싶은 하던 일이었기 때문이다."라고 말했다.

토이 스토리가 세상에 나오기까지 픽사의 모든 직원은 예술성과 기술적 역량, 집념과 인내력을 최대한 초집중하였다. 80분짜리 영상을 만들기 위해 수많은 역경을 견뎌냈고 100여 명의 직원이 5년간 고군분투했다. <토이 스토리> 각본을 수차례 완전히 갈아엎고 새로 구상했다. 픽사는 계속하여 창의적 기업문화를 발휘하고 있다.

# 핫한 인문학적 글귀

스티브 잡스는 세상을 바꾼 위대한 혁신가였다. 애플의 창업자이자 CEO였던 그는 동시에 뛰어난 기업가이면서 놀라운 비전을 가진 사람이었다.

나는 스티브 잡스(Steve Jobs, 1955-2011)가 남긴 어록들에서 큰 감동을 받았다. 그의 정신이 담긴 말을 참으로 좋아해 수시로 읽고 적는 즐거움을 누린다.

아래의 글귀를 읽고 쓰고 사색적 삶에 적용시키며 살자

"창의력은 연결하는 능력이다."

"좋아하는 일을 하라!"

"인생은 영원하지 않다. 다른 누군가의 삶을 살면서 시간을 낭비하

업글 : 사색, 인간

지 말라. 다른 사람의 생각에 따라 살거나 타인의 신조에 빠져들지 말라. 다른 사람들의 의견에서 비롯된 소음이 여러분 내면의 목소리를 못하게 하라. 가장 중요한 것은, 여러분의 마음과 직관을 따르는 용기를 갖는 것이다."

"항상(만족해하기보다) 배고프고, 항상 갈망하십시오."

"인생의 시간은 제한되어 있습니다. 다른 사람의 인생을 사느라 자신의 시간을 낭비하면 안 됩니다."

"내가 계속할 수 있었던 유일한 이유는 내가 하는 일을 사랑했기 때문이라 확신합니다. 여러분도 사랑하는 일을 찾으셔야 합니다. 당신이 사랑하는 사람을 찾아야 하듯 일 또한 마찬가지입니다."

스티브 잡스는 아이패드2 출시를 알리면서 '인문학'의 중요성을 강조했다.

"기술만으로 충분하지 않다. 우리의 가슴을 뛰게 하는 것은, 인문학과 결합한 기술이다.(it's technology married with liberal arts, married with the humanities that yields us the result that makes our hearts sing.)"

"위대한 일을 하는 유일한 방법은 바로 당신이 하는 일을 사랑하는 것입니다. 아직 그러한 일을 찾지 못했다면, 계속 찾아보십시오. 타협(정착)하지 마세요. 왜냐하면, 당신의 마음이 하는 모든 것이 그렇듯이, 그 일을 찾게 되면 당신은 마음으로 알게 될 겁니다."

"인생에서 가장 후회되는 한 가지는, 하지 않았다는 사실입니다."

"혁신은 리드하는 자와 리드 당하는 자를 구별합니다."

창의적 기업문화를 만들기 위해서는 사람들마다 잠재된 창의성을 최대한 발휘할 수 있도록 좋은 환경을 마련해 준다. 이것이 비즈니스를 키워 성공을 거두는 지름길이다.

업글 : 사색, 인간

"신은 디테일 안에 있다."

- 건축가 미스 반 데어로에

人間

# 09

## 배움의 향연
## 창의적 지고선(至高善) 고집하기

엮글: 사색

# 성대하고 융숭한 잔치, 향연(饗宴)

* 키메라 : 사자의 머리에 염소 몸통에 뱀 꼬리를 한 그리스 신화 속 괴물이다.

* 향연(饗宴) : 융숭하게 손님을 대접하는 잔치이다.

트랜스휴먼: '트랜스'는 라틴어 어원으로부터 파생된 영어 접두사로 변신력(Transformation)이다. 변신력이란 환경변화에 대응하여 기업이 스스로의 자원을 재구성하는 능력을 말한다. 경제 위기 속에서 개인과 기업들이 끝까지 살아남을 수 있는 길은 '변신력'에서 찾아야 한다.

트랜스휴먼의 변신에 능하려면 변화의 바람이 어떻게 부는지 방향을 잘 잡아야 한다. 그래서 부(富)는 시대의 바람을 잘 타야만 얻을 수 있다.

엄글 : 사색, 인간

이젠 개인과 기업, 그리고 소비자가 함께
제품을 만드는 시대가 왔다.
이것이 트랜스 Trans다.
이를 '공유경제 sharing economy'라고 말한다.


## 융합의 키메라

한번은 TV에서 도전 골든 벨 마지막 50번 최종 문제가 "그리스 신화의 괴물이자 2종 이상의 유전 전형이 다른 세포 혹은 다른 동물 조직으로 구성되는 개체를 뜻하는 것은 무엇인가?".. 정답은 '키메라 (chimera)'이었다.

키메라에 관해 기록은 가장 오래된 문헌 호메로스의 <일리아스>와 로마의 시인 오비디우스가 쓴 <변신 이야기>에 언급되어 있다. 블레즈 파스칼은 <팡세>에서 "인간이란 얼마나 키메라 같은 존재인가! 신기하고 괴물같고 혼돈스럽고 모순되고 천재 같은 존재다."라고 말했다.

흔히 주의를 분산시키는 요인으로, 불가능한 꿈을 가진 의미로 그리스 로마신화의 괴물 '키메라'라는 말을 쓴다. 키메라(카이메라)는 머리는 사자, 몸통은 염소, 꼬리는 뱀 또는 용의 모양 등 다양한 동물들의 부분으로 만들어졌다. 생명과학에서는 이러한 키메라를 통해 서로 다른 유전자 세포 융합을 연구하여 만들어내고 있다.

키메라 아풀리아 판(350-340 BCE), 루브르 박물관, 프랑스 파리

앞으로 개인이든 조직이든 성과를 내고 성장하려면 융합의 키메라가 필요하다. 변화하는 상황에 적절히 잘 변신하여 더 나은 결과를 낼 수 있어야 한다. 필요시 접목을 통해서 여러 특성을 가진 창작물을 만들어야 한다. 예를 들어, 감자와 토마토를 융합한 '포마토'이다. 키메라를 활용하여 액션 게임 '갓 오브 워' 시리즈에서도 등장한다. 또 한국의 팝페라 가수 '키메라'는 오페라와 팝을 결합하여 노래를 불렀다.

## 배움의 향연

13C 탐험가 마르코 폴로(Marco Polo)는 이탈리아 베네치아 출신이다. 그는 배움(learning)의 길을 떠났다. 당시 미지의 세계로 불리는 중국을 여행하고 나서 쓴 '동방견문록'으로 유명하다. 그는 임종 때 친구들이

찾아와 다그 쳤다고 한다.

"자네는 그 책에서 도무지 우리가 깨달을 수 없는 이야기로만 잔뜩 썼는데, 이제라도 진실을 밝혀주게나, 모든 내용이 자네의 상상에 의한 것이라고 말일세." 이에 마르코 폴로는 담대하게 말했다. "내가 책에 쓴 것은 모두 진실이네, 내가 보고 경험한 것의 절반도 채 기록하지 못했다네."

위 얘기에서 누구의 말이 옳았는지 구지 말하지 않아도 알 수 있을 것이다.

세계적인 미래학자 다니엘 핑크(Daniel H. Pink 1964-)는 21세기에 요구되는 중요한 능력으로 "창의성"을 꼽았다. 실로 배움의 향연(饗宴, Symposium, 매우 성대하게 벌어지는 잔치)을 누리면 창의성과 통찰력을 가져다준다. 인문학에 조예가 깊어지면 융숭한 향연의 방향으로 삶을 수정하게 된다.

고대 그리스 고전 가운데 제명이 <향연>인 작품은 둘이 있다. 플라톤과 크세노폰이 쓴 <향연>(잔치 향饗, 잔치 연宴)이다. 플라톤의 작품은 토론이 집중적으로 이루어진 토론형 향연인 데 반해, 크세노폰의 작품은 주연과 곡예 공연, 토론이 어우러진 이벤트성 향연을 그리고 있다. 여기 <향연>은 플라톤의 중기 대화편 중 하나로서 '연애론'이라 해도 좋을 것이다.

향연에는 사랑(eros)의 철학적 의미를 전하고 있다. '인간이 어떻게 살아야 되는가?'라는 삶의 방식을 탐구함에 있어 '완전한 것, 이상적인 것으로 상승하려는 인간 영혼의 기본적 욕구'를 사랑이라 규정한다. 그러한 사랑이 인간의 삶에서 가장 가치 있는 것이며 그러한 인식을 구체적 행위로 옮기려는 끊임없는 노력의 원동력이 됨을 밝히고 있다.

영국의 총리를 역임한 윈스턴 처칠과 인도 초대 수상이었던 네루(Pandit Jawaharlal Nehru)도 <로마사> 관련 서적을 애독하였다고 한다. 빌 게이츠, 워런 버핏, 마크 저커버그, 손정의, 마윈, 스티브 잡스 등 성공한 경영인들은 배움의 향연을 통해 창의성을 발휘하였다. 지력을 넓히는 일환으로 즐거움의 향연(饗宴)을 누렸다.

배움은 원래 흥겹고 삶을 변화시키는 것을 의미한다. 고대 그리스의 심포지엄(향연)이 그랬던 것처럼 즐겁고 자유롭게 지적인 대화를 나누어 내면의 가치를 발견하는 것이다.


## 감(感)을 갖춘 멀티 전략

성공한 사람들은 감(느낄 感)이 매우 뛰어나다. 삼성그룹 창업주 이병철 회장이 반도체 사업에 뛰어들었을 때 너무 위험한 사업이라고 다들 절대적으로 말렸다. 그러나 탁월한 감(感)으로 반도체 사업에 투자하여 세계최고 반도체 기업이 되었다.

한 소년이 냇가에서 돌을 들추며 가재를 잡고 있었다. 소년은 거의 100퍼센트 확률로 가재가 숨어 있는 돌을 알아냈다. 그가 들추면 틀림없이 가재가 있었다. 그 소년은 오랜 경험을 통해 말로 설명할 수는 없지만 감(感)을 갖게 된 것이다. 이런 사람을 흔히 '고수'라고 부른다.

일본의 소프트뱅크 창업주 손정의 회장이 한 세미나에서 한 말이다. "비전을 말한다. '올라갈 산을 결정하고, 산 정상에서 본 경치를 이미지 한다. 비전을 갖고 있지 않은 리더는 최악이다. 혹시 여러분이 나의 후계자가 되어, 10년 후에, 또 30년 후에 우리 회사는 이렇게 될 것이다'라고 확실하게 딱 잘라서 이야기 할 수 없는 사람은 리더로서는 실격이다."

손정의 회장의 경영 전략은 '일류공수군(一流攻守群)'이다. 뜻은 '철저히 1등에 집착하라, 1인자가 되려는 이의 싸우는 방법'이다. 여기서 일(一)은 1등을 하고자 하는 고집이 있어야 함을 말한다. 류(流)는 시대의 흐름을 간파하라는 말이다. 공수(攻守)는 공격과 방어력을 겸비하라는 말이고, 군(群)은 단독 행동이 아니라 동지적 결합, 전략적 동맹으로 기업 전쟁에 나서야 한다는 의미이다.

변화하는 시대의 흐름에 기민하게 대응하며, 한편으로 비키고, 또 한편으로는 공격하며, 필요시 동지적인 결합을 구성해 나아가야 한다는 의미이다. 한마디로 고수, 감(感)을 갖춘 멀티 전략자만 살아남을 수 있다.

# 수호해야 할 지고선(至高善)

일러두기

* 지고선(至高善)은 인간 행위의 최고의 목적과 이상이 되며 행위의 근본 기준이 되는 선이다. 선행, 행복, 복지의 의미를 담고 있다.

　　존 W. 가드너는 "언젠가는 창의력을 증진시키는 방법을 알게 될 지도 모르겠다. 그러나 그전까지 우리가 할 수 있는 최선은 창의적인 이들 앞에 서서 빛을 가리지 않는 것이다"라고 말했다.

　　소크라테스의 제자 아리스티포스(BC 435-355)는 고대 그리스의 철학자이다. 쾌락주의자인 아리스티포스는 인생의 목적은 쾌락이며 그것이 지고선이다. 그렇지만 그것을 갖기 위해서는 식견과 절제가 필요하다고 하였다. 하지만 합리주의 철학자 스피노자(1632-1677)는 "마음의 지고선은 신을 아는 지식이다"라고 말했다. 그러나 그리스의 철학자들은 '지극히 선한 것'을 분별함을 '지고선'이라 하였다. 이 '지고선'이 '행복'이라고 생각했다. 미국의 사상가 랠프 왈도 에머슨의 말처럼 '존재의 신비는 알지 못할 곳에서부터 우리 안으로 흘러들어왔다.'고 했다.

인간은 이 지고선(至高善)을 추구함은 사유의 힘을 얻게 된다.

당신의 창조적 의식을 재구성하여 발휘하면 끊임없이 바뀌고 변화함으로써 필요한 새로운 기술을 익힐 수 있고 성과를 얻을 수 있다.


플라톤은 기하학과 천체들의 완벽한 원운동을 강조했다. 그리고 항상 이데아(idea) 설(說), 관념 중심의 철학을 하였다. 반면 아리스토텔레스(BC 384-322)는 거의 모든 학문 영역을 다루었다. 바로 인문학적 학습을 통해 사유의 힘을 가졌기에 인간의 감성을 중시했다.

알렉산더 대왕(Alexander the Great)은 소크라테스의 모든 철학 사상을 집대성 해 만들어낸 아리스토텔레스를 스승으로 모신다. 스승은 알렉산더에게 주석이 달린 복사 본을 주었고 전쟁까지 그 사본을 들고 다녔다고 한다.

알렉산더 대왕과 그리스 철학자 디오게네스(Diogenes BC 412-323)의 유명한 일화가 우리에게 일침을 가한다.

알렉산더 대왕이 마침 괴짜 철학자 디오게네스가 양지 바른 곳에 드러누워 일광욕을 즐기고 있었다. 그곳을 찾아가 그와 같은 현인을 위해 자기가 뭘 해줄 수 있을지 물었다. 디오게네스의 요구는 "지금 빛을 가리고 계시니 비켜 서 주십시오."하고 말했다.

<알렉산더 대왕을 교습하는 아리스토텔레스>, 장 레옹 제롬 페리스, 1895년

알렉산더는 어린 시절부터 그리스의 철학자 아리스토텔레스로부터 가르침을 받아 인문학적 사고와 그리스 문화가 몸에 배어 있었다. 결국 창의적 배움이 위대한 알렉산더를 키운 것이다.

이처럼 우리는 날마다 창의적 고지선을 고집해야 한다. 하루의 인문학을 실천함의 빛을 가리지 않는 것이다. 지금 듣는 일에 방해하지 말고, 읽고 적는 작업에 사고의 산책을 막지 말라.

업글 : 사색, 인간

# 미래지향적 준비

나는 종종 사람들에게 조언하기를 '좋은 가르침은 돈 주고 사라'고 말한다. 또 미래에 '돈 세다 쓰러지게 하소서!'라고 기원해 주라고 권한다.

앞으로 성공 지향주의 삶에서 성장 지향주의 삶이 되어야 한다. 그러므로 우리 앞에 놓여 있는 함정과 붕괴를 피할 수 있는 최고의 준비는 다양한 인문학 학습을 통해 통찰력을 갖추는 것이다. 성공한 사람들의 공통점은 매일 학습하며 생각이 한참 다르다. 미국 문학의 최고 걸작으로 손꼽히는 헨리 데이비드 소로(1817-1862)는 "만약 공중에 성을 쌓는다면, 그것을 잃어버릴 염려는 없을 것이다. 그래서 공중에 짓는 것이다. 이제 그것들의 아래에 기초를 쌓아라"고 말했다.

그렇다면 지금 당신은 100세 까지 향연을 누릴 시스템을 짓고 있는가?

나는 다음의 이솝우화의 이야기로 대신 답하겠다.

개미와 베짱이 이야기를 다 알고 있을 것이다.

겨울이 되자 모아둔 양식이 없는 베짱이가 개미에게 음식을 구걸하러 간다는 이야기이다. 그러나 베짱이가 여름 내내 게으름만 피운 것은 아니었다. 하루하루 먹을 것을 벌어가면서 놀았다. 단지 다가올 추운 겨울에 먹을 식량을 비축해두지 않은 게 문제였다. 그러나 개미는 그날의 양식을 구할 뿐 아니라 겨울에도 먹을 양식을 미리 비축하여 또 하나의 창조적이며 미래지향적 기반을 마련했다.

개미처럼 매일 조심씩 미래지향적 준비를 갖추지 않는다면 베짱이 같은 운명이 될지도 모른다. 틈틈이 시간을 쪼개어 미래를 튼튼히 할 기반을 다져 놓아야 한다. 이것이 삶의 심포지엄의 격차를 줄이는 전략이다.

미국의 경제학자 존 케네스 갤브레이스(1908-2006)는 세상에서 두 가지 부류의 예측자가 있다고 한다. 모르는 사람들과 자신이 모른다는 사실조차 모르는 사람들이다.

거시적 미래에 무엇이 가치를 가지게 될 것인지 알기는 어렵다. 다만 부단히 지속적으로 배우기 위해 노력해야 한다. 그 배움을 통한 통찰력이 키워지고 거시적 시야가 넓어지게 된다.

# 코로나19로 뜬 미래 산업(일자리)

다보스 포럼 보고서에 의하면 제4차 산업혁명으로 약 710만 개의 일자리가 사라졌고 200만 개의 새로운 일자리가 생기고 있다고 예측했다. 그런가하면 코로나19로 많은 직업들이 중단되거나 폐쇄 되었고 사라지고 있다. 반면 코로나19 때문에 다양한 직업들이 생겨나고 있다. 당연 재택근무와 1인 비즈니스 형태가 늘어났다.

비대면 형태의 다양한 ICT 기술, 학원, 건강 등 새로운 직업이 생겨나며 마스크나 소독, 바이오 등 방역 관련 비즈니스 사업도 급증하고 있다. 특히 건강관리사, 호흡기질병 치료사, 건강 영양사 등 직업이 뜨고 있다. 재택근무 형태의 새로운 직업과 참신한 창업이 성장하고 있으며 비대면 영업의 탄생, 언택트 소비 비즈니스, 온라인 상담, 모바일 관련 사업, 항바이러스 산업과 운동 비즈니스의 부상, 탈종교의 가속화(예 1인 교회, 온라인 성경, 통신 교제 등), 강의 영상 자재 등 크게 성장하고 있다. AI, 빅데이터 기술, 통신 기술, 모빌리티 기술, 교통서비스 기술, ICT 기반 물류정보, 스마트화 기술, 스마트 환경 기술, 헬스케어 기술, 영양 건강 등이 크게 각광 받고 있다. 그리고 비대면 사회에서는 소통기술의 중요성과 콘텐츠 저작권의 중요도가 증가된다. 여기에 영상과 오디오 관련 기술과 건강 식품 사업, 교육관련 전문가도 중요하게 활용되는 직업이 될 것이다.

이처럼 우리는 IT 기술로 사라지는 일자리와 코로나19로 없어지는 직업 때문에 두려워할 것이 아니라 인간만이 할 수 있는 새로운 직업과 일자리에 초점을 두어야 한다. 그리고 수명이 100세 이상까지 연장되면서 헬스케어 산업과 실버산업이 큰 유망 산업이 되었다. 앞으로 사회는 미리 준비하는 사람이 주도하게 된다. 미래는 인간이 손을 대면 다 블루오션이기 때문이다.

19세기 영국에서는 '러다이트 운동(Luddite, 1811-12)'이 일어났다. 한마디로 노동자들은 산업발전(기술, IT)이 자신들의 일자리를 빼앗아 실업자가 되게 한다하여 기계를 파괴한 것이다. 그러나 이미 와 있는 제4차 산업혁명의 물결은 워낙 거대하기에 막을 수도 거부할 수도 없다. 피하기 보다는 그 물결에 올라타야만 한다. 코로나19의 백신만을 막냥 기다릴 수는 없다. 당장 코로나19 사회에서 생존하고 필요로하는 생산적인 비즈니스를 만들어내야 한다.

매일경제신문 기사에 실린 내용이다. 취업 포털 인크루트가 20-30대 직장인 856명을 대상으로 퇴사에 대해 물어본 결과 61%가 '현재 퇴사를 희망한다'고 말했으며, 36%는 '퇴사를 희망한 적이 있다'고 답했다.

어렵게 직장에 입사했음에도 불구하고 퇴사를 희망했을까?

여러 이유가 있겠지만, 자신이 열렬히 하고 싶고, 가슴 뛰는 일이 아니었기 때문이다.

업글 : 사색, 인간

사상가이자 베스트셀러 작가인 다니엘 핑크(Daniel Pink)는 <새로운 미래가 온다>에서 미래 인재의 조건 6가지는 디자인, 스토리, 조화, 공감, 유희, 의미 등이었다. 그러면서 미래 사회는 단순히 지식을 암기하고 정보를 얻는 것으로는 부(富)를 창출할 수 없다고도 말했다. 미래 사회는 큰 상상력을 그리는 사람들이 부를 누리게 될 것이다. 서로 융합하여 재창조해 내며 통찰력을 가진 인재가 이끌 것이다. 스마트한 사고로 창의적 창업으로 큰 부자들이 많아지게 된다.

앞으로 고정불변의 영원한 우위란 없다. 오직 지속적으로 새로운 경쟁 우위를 찾아내고 개발하는 기업만이 성공할 것이다. 조직의 창의적 역량이 중요해졌다.

창의적 인재의 조건을 4C로 표현한다.

- 공감력(Compassion)_ 고객과의 공감에 탁월한 인재를 의미한다.
- 구상력(Conception)_ 풍부한 구상력과 투철한 신념을 갖춘 인재다. 고객의 니즈를 만족시킬 다양한 대안을 제시할 수 있는 인재를 뜻한다.
- 소통력(Communication)_ 소통을 즐기는 인재다. 원활한 소통을 통해 상호 아이디어를 도출해 낸다.
- 몰입력(Commitment)_ 자신의 아이디어를 실행시키기 위해 끊임없는 몰입과 열정을 보이는 인재다. 어떤 일이든 스스로 전력을 다해 일을 마무리해내려는 태도를 말한다.

# 창의적 퍼스트 무버

* 퍼스트 무버(first mover, 새로운 분야를 개척하는 선도자)란 새로운 분야를 개척하는 사람, 혹은 기업을 의미한다. 직역하면 '먼저 움직인다'는 뜻으로 선구자 혹은 아무도 가지 않은 길을 앞서 달리는 개척자란 의미로 쓰인다.

이제 성장을 패스트 팔로어(fast follower)로는 한계가 있다. 뒤쫓는 방식이 아닌 앞서는 선도자가 되어야 한다. 그래서 퍼스트 무버는 산업의 변화를 주도하고 새로운 분야를 개척하는 창의적인 선도자를 말한다. 과거의 성과나 편안한 자리에 안주하여 변화와 혁신을 지속적으로 추진하지 않으면 필히 어려움을 겪는다. 성장할 수도 없다. 이는 만고의 진리이다.

업글 : 사색, 인간

날씨 예보가 왜 중요한가? 어떤 분야든 변화를 확실히 예측할 수 있다면 엄청난 성공을 거둘 수 있다. 전략을 세워 주도권을 잡고 여유 있게 이길 수 있다. 지혜가 있는 인간(Homo sapiens)으로써 창의적이기에 능히 가능하다.

개인이든 기업이든 경쟁력과 성장을 만들어내는 자가 바로 창의적 퍼스트 무버이다. 그런가 하면 소비자들은 '낚이는 것'을 싫어한다. 감동을 받아 자발적으로 행동하기를 원한다. 그렇기 위해서는 항상 "ABC 원칙"을 실천해야 한다.

Ⓐ 감사하고(appreciate)
Ⓑ 조금씩 나아지고(better & better)
Ⓒ 섬겨야(care)한다

우리는 흔히 일이 꼬이고 잘 안 되면 징크스를 탓한다. 사실 우리 생활에서 징크스가 생기는 이유는 모두 자신의 문제이다. 자신의 실력이 부족했음을 인정하는 대신 환경, 이유, 징크스를 탓하며 실패를 자위하는 것이다. 징크스는 결국 실력과 노력을 이기지 못한다. 현대 경영학의 아버지 피터 드러커는 "한 번도 잘못을 해 본 적 없는 사람, 그것도 큰 잘못을 저지른 적 없는 사람을 위 자리에 앉게 해선 안 된다"라고 말했다. 1984년 로스앤절레스 올림픽에서 4관왕이자 세계 육상 연맹이 선정한 20세기 최고의 선수인 칼 루이스는 다음의 말을 남겼다. "인간은 경쟁 상대가 있을 때 에너지가 솟구친다. 만약 경쟁 상대가 없다면 기록은 퇴화하고 말 것이다." 명심하자, 퍼스트 무버는 먼저 읽고 움직인다. 개척자는 혁신을 시도하여 시장을 적극적으로 리드한다.

당시 영국 기업 창업주 제임스 다이슨이 세상을 놀라게 했던 혁신 상품을 알고 있는가? 기존의 당연한 상식을 깨고 생각지도 못했던 혁신으로 세상을 놀라게 했다. 바로 날개 없는 선풍기이다. 가정에서 사용하는 핸드 드라이 기기에서 의문을 갖게 된다. "왜 선풍기에 날개가 필요할까?" 깊은 생각을 갖고 기존의 고정관념인 패턴에서 날개 없는 선풍기를 만들었다. 이는 새로운 것에 대한 실패를 두려워하지 않았기 때문이다. 다이슨은 혁신적인 아이디어로 세계적인 퍼스트 무버(first mover)로 발돋움했다

날개 없는 선풍기

## 테크 센싱 전략(strategy)

우리는 전략을 세우면 미래를 충분히 예측할 수 있다. 그 미래 전략을 통해서 삶에 영향을 미칠 수 있다. 반드시 '왜'라고 묻고 질문을 반복해 보는 것이 중요한 전략이다.

테크 센싱(tech sensing)은 기술을 접목시켜 창의적 아이디어를 구상해 낸 것이다. 그런데 앞으로 사회는 테크 센싱이 필수가 되었다. 기술과 인문학적 통찰이 만나 창조해낸 것은 재밌고 창의적이다. 확 바뀐 세상을 보면 알 수 있다. 지금 세상은 테크 센싱을 통해 기술 기반 아이디어를 다양한 분야에서 구현해내고 있다.

우리는 정보기술이 급속도로 발전하고 있는 혁신의 시대, '정보화 사회' SNS 세상에 살고 있다. 유대인 속담에는 "통로를 향해 두 귀를 바짝 세워라." "두 눈으로 본 뒤 두 손으로 잡아라." 이는 성공하려면 귀찮아하지 말고 정보를 직접 수집해야 하고, 실제로 자신에게 도움이 되는 SNS를 스스로 확인하라는 의미이다. 이 시대는 SNS가 주도하는 심포지엄 시대이다.

고대 경제 발원지가 수메르 경제, 인더스 경제, 그리고 페니키아가 지중해 해상무역을 장악했던 것도 자유와 경쟁이 보장되었기 때문이다. 즉 얽매이지 않고 자유로웠기에 가능했다.

우리 사회도 창의성이 꽃피울 수 있도록 장을 마련해 주어야 한다.

그러하려면 독서와 인문, 질문과 토론 문화를 생활화해야 한다. 그래야 상상력과 창의성을 키울 수 있고 테크 센싱을 활용할 수 있다.

앞으로 SNS사회는 필요한 정보를 재빠르고 알차게 수집할 수 있어야 한다. 살아있는 생생한 정보에 얼마나 빠르게 반응하는지가 중요하다. 또한 일상생활에서 접하는 정보 속에는 옥과 돌이, 진짜와 가짜가 뒤섞여 있는데 이를 분별할 수 있어야 한다. 최대한 폭넓은 지식을 습득하여 박학다식해질 필요가 있다.

이 장을 마치면서 몇 가지 스스로 점검해 보고자 한다.

지금 자신은 얼마나 혁신적 미래 비즈니스를 꿰뚫는 힘을 갖고 있는지? 창의적 패러다임은 어떤지? 앞선 정보 획득을 위해 책이나 신문, 전문지 등을 읽은 뒤 유익한 기사를 모아두는가? 어떻게 관리하고 있는가? 창의적 사고와 상상의 그림을 그리고 있는가? 지고선을 위해 어떤 심포지엄을 누리고 있는가?

자신에게 중요하다고 여겨지는 정보나 사항(자료)을 노트에 구체적으로 적고 있는가? 자신이 알고 있는 지식이나 기술을 다른 사람에게 알기 쉽게 설명할 수 있는가?

현재 나의 테크 센싱 상황을 적어보자.

업글 : 사색, 인간

人間

# 10

## 채찍 없는 당근 비즈니스
# 기존의 생각을 와장창 깨기

엎글: 사색

# 천재 비즈니스

## 신나게 하늘을 비행하기

나는 러시아 출생 프랑스 화가 샤갈(Marc Chagal, 1887-1985)을 좋아하는 이유 중 하나가 <하늘을 나는 연인(도시위로)> 작품 때문이다. 첫 아내 벨라가 생일을 맞은 기념으로, 사랑하는 두 남녀가 서로를 꼭 끌어안은 채 현실세계를 떠나 먼 희망의 세계를 찾아 새처럼 하늘을 날고 있는 그림을 그렸다. 사실 러시아 나라는 혁명이 일어났지만 아랑곳하지 않고 자신의 고향 하늘을 신나게 비행하고 있다.

그런가하면 리처드 바크의 <갈매기의 꿈>에는 '가장 높이 나는 새가 가장 멀리 본다'라는 말이 나온다. 높이 비상하면 새로운 시야를 확보하기 때문에 멀리 볼 수 있다. 이는 낮게 날며 사는 새들은 알 수 없는 세계다. 맞다. 내가 먼저 높이 비상하는 새가 되어야 한다. 높게 비상한 후에 먼 미래를 말할 수 있는 것이다.

<하늘을 나는 연인(도시위로)>,
샤갈, 1918년, 유채, 67.5x91cm,
조르주 퐁피두센터[1]

독일의 물리학자였던
알버트 아인슈타인은 상
상력이 지식보다 더 중
요하다고 말하지 않았던
가? 그렇다면 평범함과 비범함을 결정하는 차이가 무엇일까? 그것은
상상력의 차이다. 한 감독의 수많은 작품은 모두 상상력을 자극한다.
바로 그는 상상력의 아이콘으로 불리는 스티븐 스필버그이다. 독일의
대문호 괴테와 교육학자 칼 비테의 공통점은 독서교육을 통해 자녀들
에게 상상력을 길러주었다.

우리는 지금 더 높게 비상하기 위해 어떤 노력과 집념을 갖고 초집중
하고 있는가? 높이 나는 새가 멀리 볼 수 있듯이, 어떤 비상의 날개 짓
을 하고 있는가? 실로 강의는 미래를 만드는 일이라고 생각한다. 그러
므로 내가 먼저 비상하기 위해 변해야하고 희망을 품어야 내 강의를
듣는 학생도 변한다.

---

1) 이미지 출처 https://cphoto.asiae.co.kr/listimglink/6/2011030308442147385_1.jpg

## 당근 경영

여전히 말 조련사들은 회초리보다 당근(당연하지)과 격려로만 말을 훈련시킨다. 다 알고 있듯이 당근은 건강에 최고의 채소이다. 특히 눈에 아주 좋다고 한다. 뉴캐슬 대학의 커스틴 브란트 박사는 "당근이 몸에 좋으며 암 발병률을 줄인다"고 말했다. 이처럼 당근은 건강에도 좋지만 당근 훈련은 성숙해져 큰 성과를 낸다.

20세기 최고의 종교 영화로 꼽히는 <벤허, 1959>를 좋아하기에 새로운 버전이 나올 때마다 보곤 한다. 이 영화에서 세계적으로 가장 인정받은 명장면 중에 하나가 전차경주 장면이다.

영화 <벤허>의 포스터

업글 : 사색, 인간

벤허와 멧살라의 말 다루는 스타일에 따라 승패가 결정된다는 점을 포착하였다. 멧살라는 위협적인 채찍으로 말을 다루었지만 벤허는 채찍 없는 사랑으로, 당근으로 말을 달리게 했다는 것을 알게 된다. 결국 승리는 벤허다. 삼성 이건희 회장은 <벤허>를 수십 번 감상했다고 한다. 이렇게 탄생한 이건희 회장의 경영철학이 신상필상(信賞必賞, 업무 성과에 따라 상과 벌을 내려야 한다) 바로 자율경영이다. 말 조련사는 당근으로만 말을 훈련시킨다. 그렇다보니 열심히 하다가 실수하는 것은 과감히 포용한다.

내가 꽤 좋아하는 단어 중 하나가 '성숙(mature)'이다. 성장과 성숙은 말의 뜻이 근본적으로 다르다. 성장(成長)이 자라서 커나가는 양적인 증대라면 성숙(成熟)은 모든 것을 갖춰 충분히 발육되어 자란 것을 뜻한다. 어떤 경험이나 습관을 쌓아 익숙해진 것이다. 그러므로 성숙은 자신이 가고 싶지 않은 곳으로 가되, 더 나은 결과를 기대하고 기꺼이 주도적으로 갈 수 있는 능력이다.

## 다른 뭔가가?

가장 무서운 사람은 단 하나의 고정관념으로만 사는 사람들이다. 사색 없이 형성된 고정관념, 즉 편향된 시선을 갖고 있는 사람들이 성공하기란 매우 힘들다. 그러나 흔히 성공한 사람들은 다른 뭔가가 있다. '아웃라이어'의 저자 말콤 글래드웰은 깊이 있는 통찰로 '평범한 사람들이 성공할 수 있었던 결정적 비밀은?' 이 질문에 힌트를 주자면 '어린 시절의 천재성은 어른이 된 후의 성공을 보장하지 않는다.' 그렇다. 어릴 적 천재성만이 아닌 다른 뭔가가 있었기에 가능했다.

미래사회의 성공론을 한마디로 머리만 똑똑하다고 하여 성공이라는 높은 자리에 오른다는 것은 힘들다. 대신 보통사람의 생각을 뛰어넘는 스마트한 사고방식을 가진 사람들이 정상에 오른다. 어쩜 당신이 알고 있는 성공에 대한 이론들이 전부 틀렸을 수도 있다. 그저 열심히 일하고 암기하여 노력만으로 성공할 수 있다는 지론은 틀렸다. 그러한 낡은 지론은 당장 버려라.

만약 숲에서 가장 키가 큰 솔 나무가 그토록 성장할 수 있었던 비결이 무엇이라 생각하는가? 단순히 좋은 묘목을 심었고 그 나무에서 잘 랐기 때문일까? 여기엔 숨겨진 이점과 특별한 기회가 있었기에 가능했던 것이다. 다른 나무가 햇볕을 가로막지도 않았고, 좋은 토양에 심어졌으며, 솔 나무를 좋아하는 짐승들이 나무를 갉아먹지도 않았다. 또 벌목꾼이 잘라내지 않은 덕분에 크고 좋은 나무가 된 것이다. 즉 미래의 성장으로 이어지는 특별한 기회를 얻어냈기에 가능했다.

혹 여러분에게 "왜 일하세요?"라고 묻는다면 뭐라 대답할 것인가?

물론 당신의 대답도 일리가 있다. 하지만 인간이 동물과 뚜렷하게 차별화되는 이유 중 하나는 인간만이 아르테(arte:탁월함, 뛰어남, 덕)을 추구하기 때문이다. 그래서 인간은 탁월한 것을 추구하는 존재다. 그리스 철학자 아리스토텔레스는 아테네 시민사회의 공론장에서 '맡은 각자의 역할에 충실하여 최선을 다하는 것을 아르테'로 표현했다. 그런데 자기계발을 하는 주체에서 강조되는 '탁월함 excellence'이 바로 이 아르테와 어원을 같이한다. 아리스토텔레스는 이 탁월함을 시민이 갖춰야하는 덕으로 말하였다.

## 초(超)솔로 사회

내 서재에는 미래학 관련 책들로 가득하다. 미래는 생각보다 빨리 변화되어 들이닥치기 때문이다. 미래의 위기는 생각보다 빨리 왔고 거세다. 바라기는 필히 미래 통찰력을 갖춰 다시 오는 위험한 미래를 읽고 대비하여 큰 부를 손에 움켜쥐기를 바란다.

2035년이 되면 초(超)솔로사회는 불가피한 시대적 흐름으로 확실히 도래한다. 이미 혼술, 혼밥, 혼행의 신조어가 일반적인 언어가 되었다. 전체가구의 30%가 1인 가구이다. 독신 고령자, 미혼 독신, 1인 기업, 솔로 소비 패턴이 보편화되어 솔로사회가 주류를 이루고 있다. 지금 미래의 솔로사회를 읽고 대비하면 부(富)의 물결에 올라 탈 수 있다.

한 가지 분명한 것은 미래에는 놀이의 사회가 된다. 출근이 없는 노동을 즐기며, 홈테크와 선택적 근무가 일반화되며 사람의 수명은 연장되어 평균 120세가 노인이라 칭하게 된다. 무엇보다도 결혼과 가족의 형태가 바뀐다. 사람들은 연예인이 아니라도 여러 번의 결혼을 하게 된다. 동성 커플들은 증가하고 애완견이나 로봇과도 결혼을 하게 될 것이다. 물론 솔로도 더 많이 늘어난다. 혹 이러한 얘기들이 공상 영화를 보는 느낌이 들 수 있지만 이미 벌어진 사실들이다.

하나 더, 미래사회에는 노동하지 않는 사회가 온다. 아등바등 먹고살기 위해 직업을 찾아 일하지 않는다. 인간의 노동은 로봇들이 맡게 되고 인공지능(AI)이 하게 된다. 무인 시스템이 더 일반화 될 것이다. 그리고 주택은 소유하는 것이 아닌 임차나 임대가 가능한 형태로 바뀐다. 많은 삶을 캠핑그라운드에서 생활하게 된다. 마치 유목민처럼 이동하며 산다.


유명한 미국 정신분석학자 에릭 번은 "타인이나 과거는 바꿀 수 없지만 나 자신과 미래는 바꿀 수 있다"고 말했다. 과거를 돌아보고 후회하고 시간을 낭비하지 말고 미래지향적인 의식과 행동으로 나 자신과 미래를 만들었으면 좋겠다. 서로 연결된 과거로부터 배우고 행동을 바꾼다면 현재의 결과에서 비롯되는 미래를 대비하고 바꿀 수 있다. 새로운 자아가 밖으로 뚫고 나와 성장하려면 부딪히는 수밖에 없다. 솔로사회는 새로운 미래를 만든다. 그리고 새로운 시장이다.

## 남다른 열정과 상상력

고사성어 "근주자적 근묵자흑(近朱者赤 近墨者黑)"은 중국 서진(西晉)의 문신이자 학자인 부현(傅玄)이 편찬한 '태자소부잠(太子少傅箴)'에 나오는 고사성어이다. 뜻은 '붉은 인주를 가까이하면 붉게 되고 먹을 가까이하게 되면 검게 물든다.' 즉 사람은 주위 환경에 이런저런 영향을 받는다는 의미다. 무엇을 보고 듣고 누구를 만나며 사색하느냐에 따라 삶이 결정된다. 또 '삼밭의 쑥'이라는 '마중지봉(麻中之蓬)'이라는 말도 있다. 중국의 순자(荀子)의 '권학(勸學)'편에 나온다. 쑥이 삼밭에서 자라면 붙들어 주지 않아도 곧게 자라고, 흰 모래가 진흙 속에 있으면 함께 검어진다(蓬生麻中 不扶而直 白沙在涅 與之俱黑)는 고사성어에서 따왔다. 고로 '쑥은 보통 곧게 자라지 않지만 똑바로 자라는 삼과 함께 있으면 붙잡아 주지 않더라도 스스로 삼을 닮아 가면서 곧게 자란다'는 뜻이다. 지금 내 주위환경이 그만큼 중요하다는 얘기다.

이렇듯 무엇을 보고 누구를 만나느냐가 참으로 중요하다. 고전 인물들을 만나고 성공한 리더들과 대화를 누릴 수 있음이, 사색의 시간을 가짐이 곧 성장케 하는 자원이다. 분명 이로 성장하게 된다.

구글의 가장 큰 매력이 무엇이라고 생각하는가? 전 세계 젊은이들이 가장 들어가고 싶어 하는 꿈의 회사다. 무료로 제공되는 음식도 아니고 자유로운 근무 환경도 아니다. 바로 스마트한 사람들과 함께 일하면서 배울 수 있다는 기회 때문이다. 시야가 넓어져 결국 성장하게 된다. 무엇보다도 구글 생활은 자신이 '우물 안 개구리'라는 걸 깨닫게 해준다.

그렇다면 실리콘 밸리(Silicon Valley)의 특징이 무엇인가? 미국 캘리포니아 주 샌프란시스코 만 지역 남부를 이르는 말이다. 한마디로 남다른 아이디어가 풍부하고 도전정신이 강한 인재들이 모여 있는 곳, 최고의 인적자원, 젊은 패기의 인재들이 많이 모여 있는 곳? 이런 사람들과 한 공간에서 일하다 보면 그들의 사고방식과 열정 등에 영향을 받을 수밖에 없다. 실리콘 밸리가 혁신의 대명사가 된 것은 엉뚱해 보이는 것을 시도해 실패해도 그건 좋은 경험으로 평가받기 때문이다.

무엇이든 성장시키고 발전하려면 남다른 상상력이 필요하다. 새로운 트렌드를 읽어야 한다. 그러려면 수시로 모여 토론을 거듭해야 하고 참신한 아이디어를 짜내야 하고, 각종 자료를 뒤져가며 열띤 토론을 벌여야 한다. 그 과정에서 불쑥 창의적 아이디어들이 생각나곤 한다. 하버드대학을 다니던 빌 게이츠와 마크 저커버그는 공부가 싫어서 중퇴한 게 아니다. 두 사람 모두 전문지식은 기본이고 남다른 열정을 갖고 있었다. 새로운 분야의 도전을 즐기고 싶었기 때문이다.

묻고 싶다. 당신은 앞으로 5년, 10년간 매진할 수 있는 뭔가에 열정이 있는가? 그 좋은 아이디어를 현실화할 수 있는 끈기와 열정이 있는가? 실로 그것을 현실화할 수 있는 전문 실력을 갖추고 있는지 자문해봐야 한다.

## 믿음의 도약

"수입호굴 불황신이가생(雖入虎窟 不慌神而可生)" 참으로 의미있는 고
사성어이다. 이는 '호랑이굴에 들어가도 정신만 차리면 살 수 있다'는
뜻이다. 또 미국의 과학소설가인 레이 브래드버리는 "창업은 절벽에서
뛰어내린 뒤 떨어지는 동안 비행기를 조립하는 일이다"라고 말했다. 그
러니까 새로운 도약은 '언제'가 아니라 '왜'가 더 중요하다는 것이다. 계
곡의 날씨는 변화무쌍하다. 일기예보도 틀리기 십상이다. 내가 뛰어들
방향에 대해 철저하게 조사하고 준비해둬야 한다.

스티븐 스필버그 감독의 <인디아나 존스와 최후의 성전> 영화에서
내가 좋아하는 한 장면 중 하나다. 영화의 클라이맥스는 주인공이 세
가지 관문을 통과하고 성배를 찾아내는 부분이라 할 수 있다. 세 가지
관문 중 마지막이 믿음의 도약(Leap of Faith)이다.

주인공은 나락으로 떨어지는 벼랑 끝에 서서 건너편으로 갈 방법을
모색해 보지만 뾰족한 수가 나지 않는다. 머리 위에서는 사자 모양의 석
상이 무서운 표정으로 내려다보고 있다. 그 절박한 상황에서 주인공은
아버지에게서 받은 힌트를 생각해낸다. "사자 머리에서부터의 도약만
이 그의 가치를 증명하리라." 주인공은 끝이 보이지 않는 암흑 속으로,

믿음의 도약(Leap of Faith)으로 발을 내딛는다. 결국 믿음의 도약대로 그 협곡을 무사히 넘어가게 된다. 믿음의 도약이 기적을 만들어 낸 것이다. 명심하라, 절대 완벽한 시기는 없다.

사진: 영화 '인디아나 존스와 최후의 성전'한 장면(구글)

## 성공적인 실패

경영 사상가 짐 콜린스의 책 <좋은 기업을 넘어 위대한 기업으로>에 내 마음을 휘어잡는 문장이 있어 소개한다. "좋은 것은 위대한 것의 적이다." 성공학의 대가 나폴레온 힐은 "모든 역경과 실패와 마음의 고통에는 그만큼 혹은 그보다 더 큰 보상의 씨앗이 있다"라고 하였다.

예로 '2'라는 숫자에 '10'을 곱하면 '20'이 되지만, '0'이라는 숫자에는 어떤 수를 곱해도 '0'이다. 즉 기회, 시기, 가치가 맞지 않거나 철저히 준비하지 않아 타이밍을 놓치면 어떤 도움도 무용지물이 된다는 의미다.

"성공은 실패와 좌절을 극복한 뒤에 찾아온다." 애플의 창업자 스티

업글 : 사색, 인간

브 잡스가 한 말이다. 실패한 제품이 더 많다. 성공자보다 실패자가 더 많은 것이 정상이다. 통계적으로 성공확률이 3000:1라고 한다. 대부분 성공자들은 실패를 경험한 후 새로운 발판을 갖게 되었다.

미국의 대통령을 지낸 시어도어 루스벨트는 "비교는 기쁨의 도둑이다"라고 말했다. 대신 자기 페이스로 나아가야 한다. 남과 비교하지 말고 자신의 현재 상태를 정확히 파악하고 나아간다. 프랑스 황제 나폴레옹 보나파르트는 "정복당하는 것을 두려워하는 자는 반드시 패배한다"라고 말했다. 즉 실패를 두려워하는 사람일수록 승리할 가능성이 낮다는 얘기다. 또 손자병법에 나오는 말 "지피지기면 백전백태(知彼知己 百戰不殆)" 즉 '적을 아는 것도 중요하지만 자기 자신을 정확히 이해하는 것이 더 중요하다'는 의미이다. 그런가하면 헬렌 켈러는 "자기연민은 우리의 가장 큰 적이며 거기에 굴복하면 현명한 일을 결코 할 수 없다"라고 했다. 자기연민과 자기정당화가 위험을 가져오기 때문이다. 이제 과도한 욕심의 생각을 끊고 실패할 수도 있다는 유연성과 긍정적인 생각을 가져야 한다. 만약 실패하게 된다면 배움의 기회로 삼아야 한다. 실패는 피하는 것이 아니라 배우는 것이다. 실패를 배우면 그 실패는 성공적인 실패다.

세계적인 패션 디자이너 조르지오 아르마니(Giorgio Armani)는 "뭔가 비범한 것을 이루기 위해서는 집요할 정도로 작은 디테일에 매달리고 또 매달려야 한다'라고 말했다.

人間

# 11

## 코피티션(Coopetition) 비즈니스
## 상호 생존의 콜라보레이션

엮글: 사색

# 이기적 인간은
# 살아남을 수 있는가?


## 가심비(價心比)의 경쟁력


　경제학자 애덤 스미스(Adam Smith 1723~1790) '국부론(1776)'에 보면
"모든 종의 동물들은 자연히 그들의 자원에 비례하여 증식한다"라고
하였다. 불세출의 어른 동화 <어린 왕자>를 쓴 생텍쥐페리는 말하기를
"내가 가장 싫어하는 것은 구경꾼의 배역이다. 구경꾼은 무엇에건 가담
치 않고 그저 방관한다. 모름지기 사람은 구경만 해선 안 된다. 증거자
가 되든지, 동역자가 되든지 책임을 짊어지든지 해야 한다. 함께 행동하
며 책임을 공유하려 하지 않는 사람은 사람의 자격이 없다."

　사실 요즘 경제가 어렵고 힘들다. 그런데 회사의 언저리에서 그저 방
관자로 무사안일하게 지내려하는 것은 진짜 살아남는 경쟁자가 될 수
없다.


　　　　　　　　　　　　　　　　　　　　　　업글 : 사색, 인간

경쟁의 파고(波高)는 그 어느 때보다 높다. 오랫동안 지켜왔던 많은 경영의 신념들이 도전을 받았고 어떤 것들은 흔적도 없이 사라져버렸다. 가성비(價性比)라는 저렴하면서도 품질이 뛰어난 제품들로 시장을 장악됐다. 이제는 한 차원이 더 높은 가치로 가심비(價心比)라는 경쟁력을 요하고 있다. 가격이나 성능보다 심리적 안정과 만족감을 중시하는 소비 형태를 말한다. 가격 대비 성능을 뜻하는 '가성비'에 마음 '심(心)' 자를 더한 신조어다. 결국 품질과 저렴한 가격만으로는 경쟁력을 확보하기가 어려워졌기 때문에 수준 높은 서비스가 더 중요하다는 의미이다. 마음을 감동시키는 전략 말이다. 가심비 전략이 인원을 최소화하면서도 더 효율적인 성장과 팀웍을 만들어야 생존이 가능한 혁신적 조직이 될 수 있다.

## 공생(共生) 원리

새로운 틈새시장을 창출하기 위한 발상의 전환이 필요하다. 조직의 리더들에게 묻고 싶다. 품질과 가격보다 더 중요한 것이 무엇일까? 내 대답은 공생(共生)이다. 앞서간 산업의 발자국을 따라가서는 성장을 이룰 수 없고 살아남을 수 없다.

진화론의 찰스 다윈이 주장한 적자생존으로는 큰 성공을 거둘 수 없는 사회이다. 전쟁하듯이 너는 죽고 나는 사는 방식의 제로섬(zero sum) 경쟁이 아니라 협력을 통한 경쟁이 더 중요하다. 약육강식(弱肉强食 약한 자가 강한 자에게 먹힌다)의 경쟁으로는 자칫 공멸을 부를 수 있다. 또 적자생존(適者生存)은 1864년 영국의 철학자인 허버트 스펜서가 처음으로 사용한 인간들의 사회적 생존경쟁의 원리를 함축시킨 용어로 처음 사용되었다.

공생(共生) 원리는 생물학 관점에서 각기 다른 두 개나 그 이상 수의 종이 서로 영향을 주고받는 관계를 일컫는 말이다. 진화 생물학자 린 마굴리스(Lynn Margulis)는 공생을 '서로 다른 둘 이상의 종 사이에서 일어나는 긴밀하고 지속적인 연합'이라고 정의했다. 즉 공생적 관계를 통해 생존이 가능하다는 것이다. 경쟁에서 이기는 가장 좋은 방법은 공생이다. 공생은 서로 도움을 주고받는 관계이기 때문이다. 공생은 희생이 있어야 하되, 전략적 양보나 다름을 인정하는 것을 의미한다.

애플의 창업주 스티브 잡스는 2001년 사업설명회에서 "누구도 발견하지 못했던 디지털 음악산업의 레시피를 애플이 발견했다"라고 말했다. 그 레시피가 바로 제품과 콘텐츠 그리고 서비스를 결합한 디지털 허브(digital hub)[1]이다. "더 좋은 것으로는 충분하지 않다 달라져야 한다"

---

1) 허브의 원래 뜻은 '바퀴의 중심'이다. 컴퓨터나 네트워크 용어로는 다수의 컴퓨터 단말기들을 네트워크에 연결시키는 장비를 뜻하고, 교통이나 물류 분야에서는 승객이나 화물이 집중되었다가 바퀴살이 중심축에서 퍼져나가는 것처럼 여러 지역으로 퍼져나가는 사통팔달한 중심 지점을 뜻한다.

라고 강조했다. 그 정신이 오랫동안 애플의 슬로건이었던 '다르게 생각하라'이다.

# 길드 분업의 경제운영

길드(Guild)란 중세 시대 유럽의 도시에서 발달했던 상공업자들의 동업 조합이다. 11-16세기 유럽에서 번성하여 당시 경제사회 구조의 중요한 일부를 이루었다. 중세의 길드는 상인 길드나 수공업 길드였다. 상인 길드는 특정 마을이나 도시에서 영업하는 상인들의 전부 또는 대다수가 참여하는 조합들인 경우가 대부분이었다.

경쟁과 협력은 마치 새끼줄과 같이 서로와 서로에게 의존적이라고 생각한다. 인간은 단지 살아남기 위해서 경쟁을 하는 것이 아니라 경쟁을 즐긴다는 사실이다. 뇌 과학 연구가 토드 부크 홀츠의 주된 주장은 "인간은 남들에게 인정받고 싶어 하고, 경쟁을 통해서 이러한 인정을 습득하고 관계를 맺는다"라고 주장을 한다. 무정부주의의 대가 크로폿킨은 1902년에 출간된 명저 <상호부조론>을 통해서 동물과 인간은 경쟁뿐만 아니라 협조를 통해서 살아가는 존재라는 것을 밝혔다. 그는 서로 싸우는 개체보다는 서로 연대하고 돕는 개체들이 자연선택에서 더 잘 살아남는다는 것을 논증하는 수많은 예를 들었다. 개미, 벌, 딱정벌레, 게, 독수리, 악어새에서부터 인간 세상까지, 그리고 중세의 길드(상공인 직업별 조합)부터 현대의 노동조합까지, 그가 드는 예는 무궁무진하다. 그는 사회성과 연대가 없는 종들은 결국 멸망에 이른다고 강력히 주장하였다.

양적 질적인 면에서 각각 가장 성공적인 종으로 평가받는 개미류와 인간의 공통점은 무엇일까? 탁월한 협력능력이다. 즉 하나와 하나가 힘을 합쳐 둘 보다 큰 것을 만들고 그것을 서로 나눌 줄 아는 능력이다.

개미의 힘[2]

개미는 단순히 부지런하다는 것만으로 끝나지 않는다. 개미의 장점은 떼를 지어 분업을 한다는데 있다. 독일의 한 기업이 개미의 장점을

2) http://cfile10.uf.tistory.com/image/1870E2114B8F1FC030E93C

이용한 개미 로봇을 만드는데 성공했다. 개미들은 분업 경제운영을 한다. 인류가 분업을 통해 생산의 효율을 높이고 사회의 발전을 이룩했듯이, 개미들도 다양한 '전문가 집단'의 분업 경제운영을 만들어 냄으로써 전체 개미사회의 그 놀라운 발전을 이루어 왔다. 또한 개미는 자기 몸무게의 5천배에 달하는 무게를 들어 올릴 수 있다고 한다.

## 협력적 경쟁력

미래에 이기적인 인간은 설 곳이 없고 오직 협력하는 인간만이 살아남을 수 있다. 이를 '호모 심비우스(Homo symbious)'라고 한다. 즉 공생형 인간이다. 공생(symbious)이란 서로 다른 종의 생물이 생리적, 행동적으로 이익을 주고받으며 살아가는 관계다. 흔히 악어와 악어새처럼 서로가 이익을 보며 공존하는 상리공생(mutualism)을 떠올린다.

부쩍 생물들이 서로 돕고 사는 공생(共生)이라는 말을 많이 사용한다. 모든 생물은 다 자원을 필요로 한다. 그런데 자원의 공급은 한정되어 있다. 따라서 생존을 위해 자원을 놓고 경쟁할 수밖에 없다. 캐나다 생태학자 폴 A. 케디(Paul A. Keddy)는 <경쟁competition>이라는 책에서 "자원을 찾아내고 수확하고 운반하고 저장하고 또 지키는 일은 생존경쟁의 필수과정이다"라고 하였다. 앞으로 워낙 자원이 한정되어 있으므로 경쟁은 어쩔 수 없다. 이러한 현상에서 서로에게 이득이 되려면, 빠르게 격변하는 제4차 산업혁명 시대에 부(富)의 미래를 준비하기 위해서는 코피티션(coopetition) 비즈니스가 필요하다. 이는 '협력'을 뜻하는 'cooperation'과 '경쟁'을 뜻하는 'competition'의 합성어이다. 즉 협력적 경쟁력을 의미한다.

알다시피 구글(Google)이 창업할 당시 온라인 검색 업계에는 이미 야후, 라이코스 같은 우량 업체가 먼저 시장을 장악하고 있었다. 그러나 구글 창업자는 기존의 검색 불편함을 극복하자는 취지에서 새로운 검색 툴을 개발했고, 결국 시장 1위로 장악했다.

이미 같은 비즈니스 영역이 있는 것이 문제가 아니라 얼마나 협력적 경쟁력을 갖추어 시작하느냐가 더 중요하다.


## 생존케 하는 창의적 코피티션

컨버전스(convergence)은 '융합'을 뜻한다. 다양한 기능들을 하나의 제품 기술이나 서비스로 모아놓은 것을 의미한다. 20세기 문학계의 기인으로 불리며 베스트셀러 작가 제임스 앨런은 다음과 같이 말했다.

"모든 성공은 말 그대로 생각하기 나름이다. 그래서 생각을 바꾸는 것이 가장 중요하다. 생각을 바꾸면 습관이 바뀌고, 결국 꿈과 목적을 달성할 수 있다."

앞으로 창의적 코피티션을 해야 성공하는 시대이다. 팀을 갖춘 운동

경기를 보면 쉽게 코피티션(Coopetition)을 통해 이기는 것을 볼 수 있다. 물론 모두가 분명한 목표의식을 갖고 있지만 말이다.

## 창의적 코피티션 이미지

그림에서 각 특징이 다름에도 불구하고 조화를 이루는 것이 쉬운 것일까, 아니면 어려운 것일까?

이미지 출처3)

개인이든 조직이든 성장과 성공을 위해서는 코피티션이 필요하다. 이 조합어는 예일대 배리 네일버프 교수와 하버드대 애덤 브란덴버거 교수가 고안한 말이다. 코피티션은 상대방을 죽이는 것이 아니라 최선을 다하는 것이다.

우디 플라워스(Woodie Flowers) MIT교수는 "새 시대의 진정한 전문가들은 배우거나 경쟁할 때는 치열하지만 그 과정에서 서로를 존경하

---

3) http://news.pcs21.net/images/0030378656_041/R_%ED%98%91%EB%A0%A5.jpg

업글 : 사색, 인간

고 친절하게 대한다"라고 했다. 21세기 최고의 부자 빌 게이츠는 말하기를 "나는 힘이 센 강자도 두뇌가 뛰어난 천재도 아니다. 나는 날마다 새롭게 변화했을 뿐이다. 그것이 나의 성공비결이다."

앞으로 생존케 할 창의적 코피티션에 초집중해야 한다. 코피티션은 공생하는데 가장 중요한 전략이기 때문이다.

# 전략적인 동맹

어느 곤충학자의 추산에 따르면 지구에는 개미가 줄잡아 1경 마리가 살고 있다고 한다. 이 같은 어마어마한 생존의 비결 중에는 개미의 다양한 공생 전략이 중요하게 작용했기 때문이다.

개미 박사로 불리는 최재천 교수는 아즈텍개미들은 다른 종임에도 불구하고 천하를 평정하기 위해 전략적인 동맹을 맺는다고 한다. 기업으로 비유하면 이윤이 있는 곳이라면 국경을 넘나들며 합작투자를 마다하지 않는다. 분야를 따지지 않고 협력적 전략을 갖는다.

전 우주에서 가장 식물이 번성한 곳이 바로 지구이다. 그런데 이렇게 식물이 번성하게끔 협력을 하는 존재가 바로 곤충이다. 식물은 곤충에게 꿀과 영양분을 준다. 그럼 곤충들은 식물의 씨앗을, 꽃가루를 멀리 퍼지게 도와준다. 꽃이 벌에게 꿀을 주고 벌은 꽃가루를 멀리 퍼지도록 몸에 달아 날려준다. 이들은 손을 잡아서 어마어마한 큰 성과를 만들어냈다. 그런데 우리 인간은 서로 자기 밥그릇만 찾는다. 혼자만

살려고 한다. 이는 이기적인 경쟁으로 살기 때문이다. 앞으로 이기적인 인간은 살아남을 수 없다.

남미의 코스타리카에 가면 쇠뿔 아카시아 나무와 개미가 공생한다. 쇠뿔 아카시아는 개미에게 당단백질을 제공한다. 개미는 쇠뿔 아카시아에 구멍을 내서 집을 만들어서 산다. 개미는 외부에서 침입하는 다른 곤충들을 퇴치하는 파수꾼 역할을 한다. 쇠뿔 아카시아나무와 개미의 공생관계로 상호 생존을 유지한다.

전문적 특징이 같은 두 사람이 만나서 함께 노력하면 대체로 '1+1 = 2'의 결과를 얻지만, 사뭇 특징이 다른 사람들이 만나서 서로의 다른 강점을 코피티션 시키면 '1+A =?'의 결과를 얻을 수도 있다.

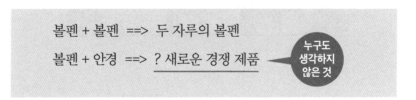

## 전략적 협업

　우리는 혼자가 아닌 복잡한 네트워크로 얽힌 관계와 다양한 영역에서의 융복합이 이루어지는 세상에 살고 있다. 그래서 콜라보레이션(협업collaboration)이라는 가치가 더욱 중요하게 대두되고 있는 것도 이러한 이유일 것이다.

　우리의 속담에 "원수는 외나무다리에서 만난다"라는 말이 있듯이 이솝 우화에 나오는 두 염소 이야기(염소와 외나무다리)는 4세 어린 아이들이 보는 동화 얘기지만 나에겐 큰 가르침을 주었다. 그래서 자주 읽고 생각한다.

A : 이미지 출처[4]

B : 이미지 출처[5]

---

4) http://kaffcoop.kr/attach/1/1250098288.jpg
5) http://kaffcoop.kr/attach/1/1018398031.jpg

통나무 다리위에서 이 두 염소가 서로 살기 위해서는 어떻게 해야 하는가? 염소들은 왜 줄에 매여 있을까? 왜 염소 두 마리는 굳이 용을 쓰고 각자의 앞에 있는 풀로 나아가려 했을까? 이 두 염소가 통나무 다리위에서 만나 싸우다가 결국 어떻게 되었나?

다 알고 있듯이 이야기의 끝은 서로 뿔을 겨루다 개울에 빠져 죽었다.

우리 비즈니스 현장에서도 통 큰 협력과 협동을 통해 더 좋은 창의적 결과를 가져 올 수도 있다. 성장은 결코 한 사람의 힘, 혼자만의 지혜로는 한계가 있다. 아래의 그림에서 어떤 염소가 상호 협업의 힘을 발휘하였는가?(A,B)

## 협업의 힘

물론 왼쪽과 오른쪽에 먹기 좋은 풀이 둘 다 놓여있다. 하지만 한꺼번에 양쪽의 풀을 먹을 수는 없다. 모든 일에는 전략적 선택이 필요하다. 시급히 해야 할 일에 배려와 협력이 필요하다. 그렇다. 두 염소 이야기에서 보듯이 서로의 다름을 인정하고 배려해야 상호 생존할 수 있다.

'호모 사피엔스(Homo Samience)'의 어원은 라틴어로 '슬기로운 사람'이라는 뜻이다. 지혜로운 인간은 태생이 협력할 줄 아는 존재이다.

그래서 전략적 콜라보레이션(협업collaboration)은 위험을 분산하고 상대방의 핵심 역량을 활용해 빠르게 환경 변화에 대처할 수 있기 때문이다.

다음의 전략적 협업의 사례를 보면, 미국의 GE는 높은 신용등급에 기초한 자금 조달 능력과 앞선 리스크 관리 기법을 보유하여 더욱 핵심 역량을 갖추었다. 상호 보완적인 역량이 결합하면서 회사의 강점은 극대화되고 약점은 보완되는 최상의 전략적 협업이 만들어졌다.

흔히 "안 되는 일을 되게 하는 것은 사람(단수)이 아니라 사람들(복수)"이라는 말이 있다. 세상에 혼자 이룰 수 있는 일은 그렇게 많지 않다. 'Collaboration'단어 그대로 '함께Col, 일labor 하는 것'이 협업이다. 콜라보레이션(협업collaboration)은 협력(cooperation)보다 한 단계 더 높은 역량이다.

협업은 공생적 자세로 문제를 해결하는 것을 의미한다. 네트워크의 기본 개념은 전문화, 분업, 협력, 통합의 과정을 거쳐 역량을 창출하는 것이다. 다른 의미로는 '상생'으로 서로 다른 두 개 이상의 개체가 만나 새로운 가치를 만들어 시너지를 내는 것이다.

옥스퍼드 사전은 협업을 "문화, 예술 또는 과학적 연구에서의 연합된 노력, 협동"이라고 말하고 있다. 마이클 슈라지는 협업의 정의를 "우리의 전통적인 의사소통 구조와 팀워크만으로는 성취할 수 없는 새로운 가치를 창조하는 과정을 의미한다." 또 UC 버클리대학의 한센(Hanssen) 교수는 협업을 각 이해관계자들이 소통과 협력을 통해 공동의 목표를 달성하고 성과를 창출하는 행동으로 정의했다.

이처럼 전략적 협업이 성공하는 최고의 지름길이다. 때론 문제해결의 답이 될 수 있다. 상호 생존의 선택이기도하다.

경영학자들의 연구에 따르면 기업은 서로 자원과 기술을 공유하여 시장 진입을 촉진하거나, 다른 시장에 접근하기 위해 협력해야 상생할 수 있다. 실제 기업 간 협업 사례는 꾸준히 늘어왔다. 서로 적으로 여기던 경쟁사끼리, 다자 간, 개방형 혁신과 같은 대단위 협업이 이루어지고 있다.

"오늘날 글로벌 경제에서 독자적으로 무언가 할 수 있다고 생각한다면, 이는 큰 실수다." GE의 전 회장 잭 웰치의 말처럼 이제 조직 간 협업은 선택보다는 필수로 여겨진다. 협업은 전략적 상호 협약으로 불리기도 한다.

한 예로, 한국피앤지와 홈플러스가 제조와 유통간 협업을 통해 최적화된 공급망을 구축하였다. 이들은 협업으로 기존 대비 행사 납품률 향상, 결품률 감소, 행사 잔량 소진일 단축이라는 성과를 이루었다. SK그룹은 IT, 조선, 건설, 화학, 반도체 등 다양한 사업 군과의 협업을 추진하여 큰 성과를 냈다.

코로나19 이후, 경제의 주역 요즘 젊은 세대들에게 디지털과 모바일, 핀테크는 놀이하듯 잘 다룬다. 그들은 언택트 환경에 익숙해 스스로 문제를 해결한다. 다양한 디지털화된 루트를 통해 정보에 접속하고 새로운 기술을 활용하는데 탁월하다. 이 세대들의 손에 딱 걸려들면 창의적으로 변신해 버린다.

그러니 너무 걱정하지 않아도 된다. 우리의 요즘 젊음 것들을 믿는다. 계속하여 일방적으로 믿고 응원할 것이다. 우리의 마지막 희망이기 때문이다. 그래서 나의 사명은 끝까지 무한한 자기혁신을 위해 정진하는 사람들을 돕는 것이다.

세계 역사는 혁명의 연속이었다. '역성혁명(易性革命)'이라는 말이 있는데, 왕조를 뒤집는 데 피를 흘리지 않고 성(性)만을 바꾸었다 해서 지어진 말이다. 그 유래는 중국 은나라 탕왕(BC 1767년)의 '반명'에 나오는 '일신우일신(日新又日新)' 즉, 날마다 새롭다는 의미와도 같다. 그러므로 새로운 분야로의 도전과 배움을 즐기는 사색가들이 되기를 바란다. 제4차 산업혁명시대는 매일 새로운 것을 배워 따라가야 생존이 가능하다.

나는 경영학과에서 오랜 시간 걸쳐 창업과 경영학 그리고 금융론 등의 강의를 진행해왔다. 이러한 경험과 지식을 총망라하여 정리하였다. 꼭 일독을 권한다.

바라건대 우리의 산업분야가 붕괴하지 않으려면 위대한 리셋(Great Reset)이 필요하다. 그리고 다시 직업진로 확장과 새로운 비즈니스를 위해 새로운 지혜를 얻는데 사색적으로 전념해야 할 것이다. 그래서 클라우스 슈밥 세계경제포럼 회장은 위기 속에서도 우리가 힘을 합쳐 신속하게 행동한다면 이 위기를 극복하고 더 나은 세상으로 나아갈 수 있다고 말했다.

부디 이 책을 읽은 독자들에게 위대한 리셋의 힘을 얻게 될 것을 기대한다.

'감사합니다.'

창업경제개발원(주) 연구실에서
정병태 박사

## - 미래 출판기획 플랫폼 안내 -

도서 출판
오디오북
전자북(ebook)
강의북

1:1 창업스쿨

jbt6921@hanmail.net

# 업글 : 사색, 인간

**2021년 1월 10일 초판 1쇄 발행**

**지 은 이** 정병태

**이 메 일** jbt6921@hanmail.net

**디 자 인** 디자인이츠

**펴 낸 곳** 한덤북스

**신고번호** 제2009-6호

**등록주소** 서울시 영등포구 문래로 164 영등포 SK 리더스뷰 2동 3803호

**팩     스** (02) 862-2102

ISBN 979-11-85156-26-2

**CIP 제어번호** CIP2020053950

**정가** 13,500원